SDGsという17のゴールがあります。

国際連合加盟国である日本に住んでいる私たち一人ひとりが、

この17のゴールを達成することを担っている、ことになっているのです。

あなたがこのゴールを担っていることが、どこで、どのように決定したのでしょう。

このゴールに向かっていくと、どんな未来を創ることになるのでしょう。

どうやら、子どもも大人も一緒になって、

一人ひとりが"今の私にできること"を始めることが、未来創造につながるようです。

17のゴールが自分自身のゴールになることにチャレンジしていきましょう。

SDGsは子どもも大人も一緒になって取り組む課題です。この本では、
小学校4年生以上の漢字にふりがなをふっています。

もくじ

※学校名はアルファベット順に掲載しています。

第1章　17のゴールを使って身のまわりの出来事をとらえる

出来事をとらえる前に……

　世界のリーダーたちが2015年9月の国連サミットで採択した、SDGs（17のゴール）が定められたプロセスに目を向けていきましょう。

　17のゴールは、「誰一人取り残さない（No one will be left behind）」という考え方にもとづいて定められました。言い換えれば、今から創っていく未来で生きていく、すべての時代のすべての人のための目標ということです。

　SDGsのゴールを設定するときのポイントになった点は次の3つです。

1. 貧困の根絶（経済・社会開発）と持続可能な社会（環境保全）の両立
2. 不平等（格差）の是正
3. 開発途上国だけでなくすべての国に適応される

SDGs17のゴールを支える要素

　持続可能な開発目標（SDGs）に示された17のゴールと169のターゲットはどれも、人間、豊かさ、地球、平和、パートナーシップという5つの要素のいずれか一つ以上に関わりを持っています。あなたは、これら5つの要素がどのように関連し合っていると思いますか。この5つの要素を大切にすることで、私たちの生活にどのような変化が起こるのかを想像してみましょう。

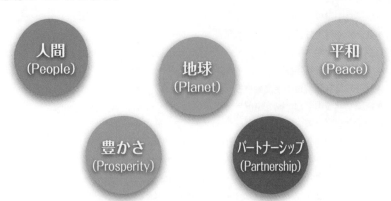

17のゴールを使って身のまわりの出来事を探っていこう①　ゴミ

これはゴミ？　ゴミじゃない？

　「ゴミ」ときいたときに思いつくものはたくさんあります。自分と関係があることとして結び付きをつくれるものを、どこまで広げられるかな？　自分の事としてとらえられる範囲はどれくらい広がるかな？

- □あきてしまったゲームソフト
- □体に合わなくなって着られない服
- □消しゴムのかす
- □蛇口を閉め忘れて流れてしまった水
- □公園に積もっている落ち葉
- □古い建物を壊して使われなくなった木の柱
- □原子力発電所で冷却用に使われた放射性物質をふくんでいない水
- □サンドイッチをつくるときに切り取るパンの耳
- □焼却場でゴミを燃やした後に残る灰
- □水族館で飼育していた魚の死骸
- □鮮魚売り場で刺身をつくった残りの骨や頭
- □畑で虫に食われてしまったキャベツやレタスの葉
- □小学校卒業と同時に使わなくなるランドセル
- □下水処理場でふんや尿を処理した後に残る泥（汚泥）
- □机の上にかざってあるぬいぐるみ
- □ポストに入れられた広告
- □だれもいない部屋で光っている照明器具
- □美容院で切り落とした髪の毛
- □読み終わった本
- □電車が走るときに出る音
- □建物を建てるときに取り除いた土
- □呼吸によって大気中に排出される二酸化炭素
- □電球が発光するときに出る熱
- □食べたガムを包んでいた紙
- □建物を建てるときに、削り取った木くずや金属くず
- □誰も見ていない石像や仏像
- □ご飯をつくるときに出た野菜の切れはし
- □病院で注射をしたときに使われた注射器の針やガーゼ
- □スーパーマーケットで買い物をしたときにもらったビニール袋
- □工場で製品をつくるときに出された汚れた空気や水

あなたが思い浮かべるゴミもかき入れてみてね!!

あなたがそれを"ゴミ"だと判断したときに、自分の中で何が起こっていたかな？

マップにしてつなげていこう！

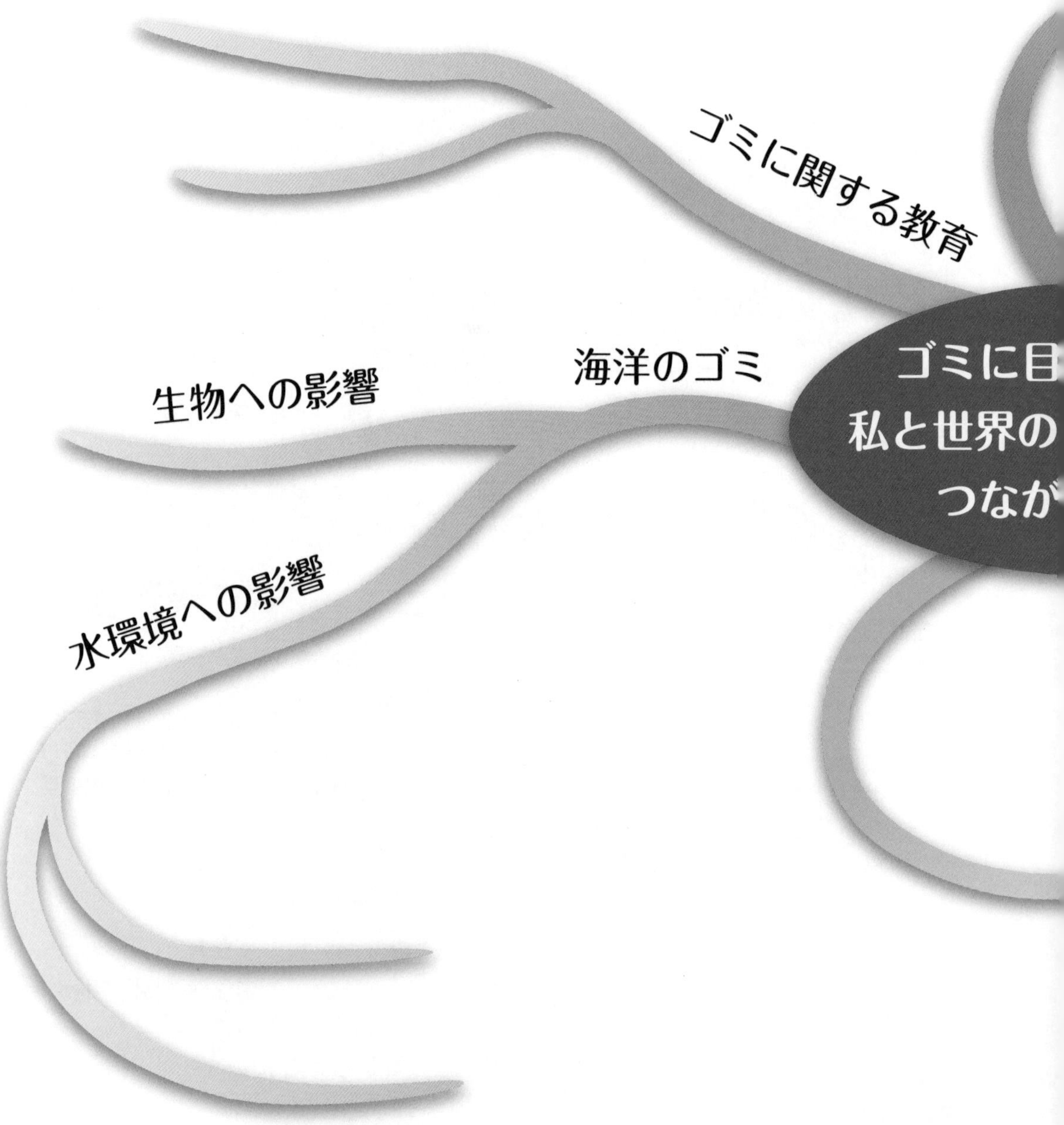

ゴミに関する教育

生物への影響

海洋のゴミ

水環境への影響

ゴミに目
私と世界の

つなが

あなたが知っていること、なかまが知っていることをどんどんつなげて！

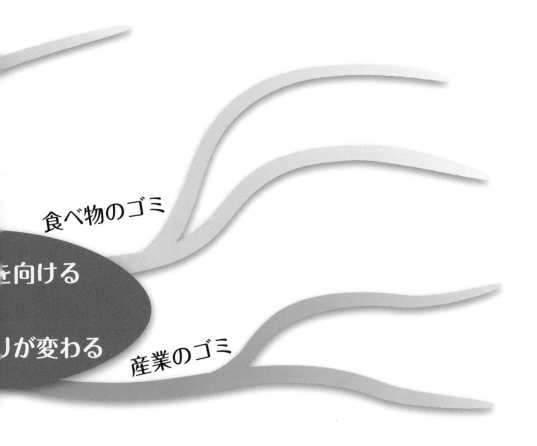

食べ物のゴミ

を向ける

りが変わる

産業のゴミ

マップをかいたら、つながっている17のゴールの番号もかき入れてみてね。

視点を広げよう・視点を重ねよう

「ゴミ」に目を向け、視点を広げたり重ねたりする手がかりのいくつかが書かれています。

あなたが知っていることがらと結び付けて、世界を変えるために行動していきましょう。

《食べもの編》

肥料が増えると酸素が減る？
植物プランクトンの肥料となる物質が大量に海に流れ込むと、植物プランクトンが大量に発生して、水中の酸素が不足するため、水中で生活している生物が大量に死ぬことになります。海で、大量に生物が死ぬと、海底に生物の死骸が大量にたまります。死骸が分解されるときに、酸素が使われるため、海水の酸素はさらに少なくなります。

食品リサイクル
コンビニエンスストアやスーパーマーケットなどたくさんの店舗をかかえる会社の中には、あまった食材や生ごみを肥料や飼料にして再利用するシステムを構築するところも増えてきています。しかし、分別に時間とコストがかかるという課題もあります。

ふんで発電！
食べ物や動物のふんなどがくさるとき、メタンガスが発生します。そのガスで発電することもできます。

プランクトンの栄養
食べ物の残りを下水に流すと、植物プランクトンにとって肥料となる物質が、大量に川や海に流れ込みます。

生産・流通の途中で廃棄される食品
「冷蔵・冷凍設備がないために、倉庫で保管している間にくさってしまった」「交通が整備されていないために、運ぶのに時間がかかりすぎていたんでしまった」などの理由で食品を廃棄しているのは、おもに開発途上国です。

消費の段階で廃棄される食べ物
「食べきれなかった」「買いすぎて冷蔵庫の中でくさらせてしまった」「たくさんつくったけれど売れなかった」などの理由で廃棄しているのは、おもに先進国です。

過剰除去
だいこんやにんじんの皮を厚くむきすぎたり、肉の脂身や皮を食べずにすててしまったり。これも食品廃棄が増える大きな要因の1つです。

注文がなかったら
飲食店でもっとも多い食品廃棄は、お客さんが食べ残した料理です。食べ残しは分別処理してリサイクルするにも手間がかかり、多くが廃棄されてしまいます。また、メニューにのせている以上、いつ注文されてもいいように準備をしておかなくてはなりません。けれど、注文がなかったら……。

量り売り・ばら売り
グラム単位でお肉が買えたり、たまねぎやじゃがいもが1個単位で買えたり。これも食品廃棄を減らす工夫のひとつだというけれど、なぜかな？

処分

処理

捨てる
手ばなす

生産

消費・使用

天資

リサイクル

リサイクル

リユース

《プラスチック編》

プラスチックからつくられる製品

プラスチック製品は、
- ペットボトルとして飲料の容器になる。
- 食品などを包む透明な包装紙になる。
- 照明器具の部品になる。
- 接着剤になる。
- 自動車の部品になる。
- 0.5mm以下の小さな粒にして、洗顔料や歯磨き粉に混ぜて、汚れを落としやすくするマイクロビーズになる。

など、種類によって使い方もさまざまです。

部品はまだ走れる！

故障するなどして走れなくなった自動車でも、使える部品は取り外し、まだ走っている車の部品としてそのまま使われることがあります。世界の自動車メーカーには、リユースやリサイクルを前提に、解体しやすい車両を設計しているところも増えています。

石油からつくられるプラスチック

石油からは、さまざまな種類のプラスチック製品が作られます。あなたの知っているプラスチック製品にはどんなものがあるでしょうか。

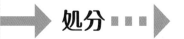

リユース

然源 → 生産 → 消費 使用 → 捨てる 手ばなす → 処分 ‥‥▶

リサイクル

プラスチックいろいろ

高温で燃やすと、二酸化炭素と水しか発生しないプラスチックがある一方、塩化水素などが発生するプラスチックもあります。

フリースはプラスチックから

ペットボトルなどに使われるある種類のプラスチック製品は、リサイクルすることでフリースなどの衣類の原料に変化させることができます。

プラスチックは分解しない

プラスチックでできたものの多くは、自然環境の中に置かれても、生ゴミや紙ゴミのようには分解しません。長い時間、そのままの形で環境の中に残り続けるのです。

マイクロビーズがおよぼす影響

一部の洗顔料や歯磨き粉などにふくまれているマイクロビーズはプラスチック製品です。マイクロビーズは下水処理場などのフィルターを通り抜けて、川や海など、自然界に広がっていきます。表面には、化学物質を吸収する性質があり、えさといっしょに魚の体内に取り入れられることがあります。マイクロビーズは魚の体内に取り入れられると、排出されることはありません。

海洋ごみと生物

海に流されたプラスチックゴミを誤飲した、海鳥や海ガメ、イルカなどが毎年たくさん死んでいます。生物の中には、ゴミとエサの区別ができずに、たとえばプラスチックの破片やレジ袋などを飲みこんでしまうものもいるのです。こうした誤飲・誤食をくり返すと、ゴミが胃袋を傷つけたり、胃などにたまり続けてエサを食べることができなくなったりして、生きることができなくなります。

Development(ディベロップメント)の意味に着目していこう。

―Sustainable Development(サステナブル　ディベロップメント)という言葉を掘り下げる！―

　ある私学の校長先生と、SDGsを子ども達にわかりやすい言葉で伝えるための話し合いをしていたときのことです。「もし、子ども達のために伝えるとするならば英語だけじゃなく、フランス語の原文も見てみたいわ。いくつかの言葉で見ることで、何を伝えたいのかがわかりやすくなることもあるから。」と校長先生が言いました。

　翻訳をするということは、ある言語で表現されている文を、他の言語に直して表現することです。ですから、同じ文でも訳す人によってさまざまな表現を用いることになるのです。日本では現在、Sustainable Developmentは「持続可能な開発」と翻訳されています。

　このコラムでは、ディベロップメントという言葉を探っていきましょう。

　17のゴール・169のターゲットからなる持続可能な開発目標(Sustainable Development Goals：SDGs)は、オリジナルの文章が英語で作られ、国連が使っている他の５つの公用語に翻訳されています。(国連が使っている公用語は、中国語・英語・フランス語・ロシア語・スペイン語・アラビア語です)

　オリジナルである英語の「Development」が持っている意味を複数の辞書で調べてみると、次のようないくつかの意味をもっていることがわかりました。

- 生物の発達や成長
- 身体の発育
- 事業などの発展
- 事態の進展
- 発達した状態
- 発展の所産
- 土地や住宅の開発、改造
- 写真の現像
- 製図における展開図
- ソフトウェアの開発・製造

　ディベロップメントという言葉に着目すれば、日本政府が訳した「持続可能な"開発"」は、「持続可能な"発展"」や「持続可能な"発達"」とも言うことができたのですね。2000年に採択されたMDGsでは、主に途上国に焦点が当てられた８つの目標が立てられました。そのときには、ディベロップメントを「開発」という言葉にすることで伝わることが多くあったでしょう。SDGsでは、途上国にも先進国にも焦点が当たっています。途上国におけるディベロップメントと、先進国におけるディベロップメントは同じなのでしょうか。それともちがうのでしょうか。また、国ごとに背負っている文化が異なる中で採択されたSDGsは、公用語である６つの言語で読んだときに解釈に違いが出てくるのでしょうか。

　国ごとにSDGsがどのように展開されていくのか、その展開を日本語にするときにはどのような言葉がふさわしいのか、2030年までの動きを見ながら探っていってはどうでしょう。

17のゴールを使って身のまわりの出来事を探（さぐ）っていこう②　買う

買い物をすると、誰（だれ）とつながる？

「買う」ことで、消費者（しょうひしゃ）である "私（わたし）" はだれかとの結び（むす）付き（つ）をつくっている。

たとえば、コンビニエンスストアで買い物をしている "私（わたし）" に目を向けてみよう。

どんな人との結び（むす）つきをつくっているかな？　どこまで広げられる？　自分の事だと思える範（はん）囲（い）はどこまでかな？

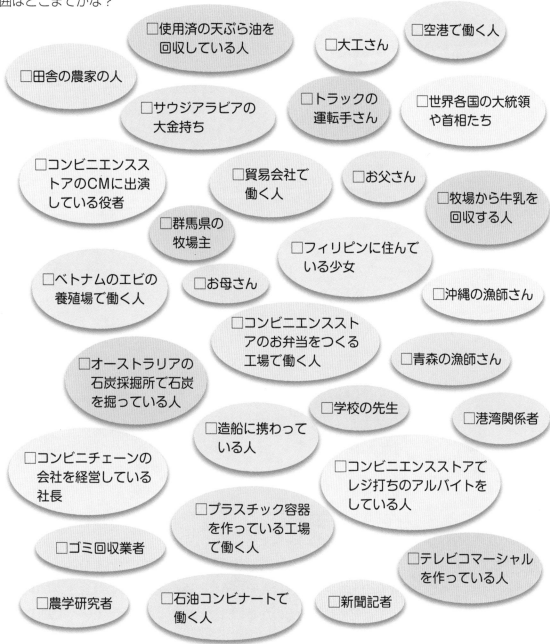

□使用済の天ぷら油を回収している人

□大工さん

□空港で働く人

□田舎の農家の人

□サウジアラビアの大金持ち

□トラックの運転手さん

□世界各国の大統領や首相たち

□コンビニエンスストアのCMに出演している役者

□貿易会社で働く人

□お父さん

□牧場から牛乳を回収する人

□群馬県の牧場主

□フィリピンに住んでいる少女

□ベトナムのエビの養殖場で働く人

□お母さん

□沖縄の漁師さん

□コンビニエンスストアのお弁当をつくる工場で働く人

□青森の漁師さん

□オーストラリアの石炭採掘所で石炭を掘っている人

□学校の先生

□港湾関係者

□造船に携わっている人

□コンビニチェーンの会社を経営している社長

□コンビニエンスストアでレジ打ちのアルバイトをしている人

□プラスチック容器を作っている工場で働く人

□ゴミ回収業者

□テレビコマーシャルを作っている人

□農学研究者

□石油コンビナートで働く人

□新聞記者

マップにしてつなげていこう！

コンビニエンス
ストアで
買い物をする

　自分との"つながり"をつくっているもの、何だろう？
　お金、電波、情報、人、物…あなたは何によって、どのくらいの広さで世界とつながっているんだろう。つながっている社会の大きさ、広さは人それぞれ。近代社会では、社会とつながる広さや深さは、その人が担う役割と関係しているのかもしれないね。1人が担っている役割にも目を向けていこう。

　あなたがつながっていると思う人、なかまがつながっていると思った人をマップでつなげていこう。

　すべての人がSDGsを推進するアクティブメンバー。マップをかいたら、その人とつながっている17のゴールにはどんなものがあるのかも書き入れてみてね。あなたは、その人と一緒にどんな未来を創る？　17のゴールはどのようにつながっている？

"私"と世界の
つながり

　あなた自身は自分がどんな役割を担っていると思う？

　両親の"子ども"、弟や妹の"お兄さん、お姉さん"、小学校に通う"児童"、サッカーチームの"キャプテン"、コンビニエンスストアの"お客さん"、雑誌の"読者"、スマホの"利用者"、電車の"乗客"……あなたの担っている役割、まだまだいっぱいありそうだね。

視点を広げよう・視点を重ねよう

「買う」という行動に目を向けて、視点を広げたり重ねたりする手がかりのいくつかが書かれています。あなたが知っていることがらと結び付けて、世界を変えるために行動していきましょう。

えんぴつだよ！
シャープペンシルに使っているプラスチックは土に埋めても分解されないけれど、えんぴつは分解されて他の生き物が生活するのに役に立つよ。

字を書くために、何を買う？

シャープペンシルでしょ！
えんぴつの材料になる木材を伐採すると、自然破壊になるよ。シャープペンシルは芯だけ交換すれば長く使えて、新しい材料は使わないので環境を大切にしていると思う。

筆と墨じゃないかな。
筆は墨があれば繰り返し使えるよ。筆先には馬の毛、熊の毛など自然の素材が使われていることもあるよ。墨には固形のタイプと液体タイプ（墨汁）があるんだ。固形の墨をすると心が落ち着く、という人もいるよね。

エコバッグでしょ！
エコバッグは、くり返し使えるから資源を無駄使いしないよ。自分の好きなデザインを使うことができるから、おしゃれも楽しめるよ。また、入る量を考えて買うから、余分な買い物をしなくなるよ。

買い物の持ち運び、何を使う？

レジ袋だよ！
レジ袋は、石油からゴムやプラスチックをつくった残りの成分からつくられている。残りの成分は、以前は燃やしていたんだけれど、技術が進歩して利用できるようになったんだよ。

段ボール箱じゃないかな。
品物が運ばれてきたときに入っていた空き箱があるよね。その箱を自由に使えるように置いてあるお店があるよ。段ボールを再利用して、家に持ち帰るときに使うといいんじゃないかな。

書かれていることがら以外にも、どれを使うのかを考える手がかりはたくさんありそうだね。

農薬を使っている野菜だよ！
農薬を使っていると、虫がいないきれいな野菜が多いよ。それに、厚生労働省が残留農薬基準値を定めていて、人体には害がないんだって。減農薬といって、少ない農薬でつくっている野菜もあるよ。

有機野菜でしょ！
化学的に合成された肥料や農薬を避けて作られているから、体に害がないよ。形はふぞろいだけど、おいしいよ。有機農産物についてのガイドラインは、1992年に農林水産省が制定したよ。

毎日食べる野菜、何を買う？

野菜なんて食べなくても大丈夫でしょ‼
野菜を食べなくちゃいけないのはなぜ？　無理に食べなくてもいいんじゃないかな。今はいろんな食べ物があって、サプリメントでビタミンや食物繊維を取ることだってできるでしょ。野菜の中にふくまれているものと同じ成分のサプリメントを飲むよ。

ガソリン車でしょ！
昔と比べると、同じ量の燃料で移動できる距離がとても伸びたよ。また、最新の技術を使って排気ガスに含まれている有害物質を除外しているから、環境にもやさしいよ。

移動手段どれを使う？

電気自動車だよ！
二酸化炭素を排出しないよ。車に積んでいるバッテリーは、家で使う電力としても使用することができるんだ。自由度のあるデザインが可能だから、おしゃれだよ。

電車やバスのような公共交通機関を使うよ。
多くの人が電車やバスを利用することで、一人ひとりが使うエネルギーが少なくなるよね。バイオマスエネルギーを使った公共交通機関を動かしている地域もあるよ。結果的に環境に配慮した行動につながるんじゃないかな。

友達（ともだち）の考えや、あなたの考えを書き込（こ）みながら、「買う」ということをふり返ろう。

我々の世界を変革する：持続可能な開発のための2030アジェンダ
～地球の未来をつくる文書～

「アジェンダ（agenda）」は、「予定表」を意味する英語です。日本語でこの言葉が用いられる場合は、国際的に取り組むべき「検討課題」や、政府や官公庁などで公式に実施すべき「行動計画」などをさすことが多くあります。

たとえば、「絶対的貧困や飢餓を終わらせる」、「あらゆる形態の女性・女児への差別を終わらせる」、「あらゆる形態の子どもに対する暴力を終わらせる」という「ゼロ目標（ゼロを目指す目標）」を掲げていることがあげられます。また、"No one will be left behind"（誰一人取り残さない）」は、「我々の世界を変革する：持続可能な開発のための2030アジェンダ」が掲げる代表的なかけ声の一つとなっています。

●SDGsが動き出す背景

国際連合創設70周年を迎えた2015年、193の加盟国が地球の未来を創る一つの文書を全会一致で採択しました。それが「我々の世界を変革する：持続可能な開発のための2030アジェンダ」です。そして2030アジェンダは、17の目標と169のターゲットからなる「持続可能な開発目標（SDGs）」をかかげました。

2015年9月25日から27日まで、アメリカのニューヨークにある国際連合本部において、「国連持続可能な開発サミット」が開催されました。150を超える国連加盟国首脳の参加のもとで採択された「我々の世界を変革する：持続可能な開発のための2030アジェンダ」は、地球に住む私たちが、持続不可能な今の世界を、持続可能な世界にするために、2016年から2030年までに取り組む検討課題であり、行動計画です。文書の前文には、このことがとてもシンプルな一文で表現されています。

「このアジェンダは、人間、地球及び繁栄のための行動計画である。」

そして、続くもう一文「これはまた、より大きな自由における普遍的な平和の強化を追求するものでもある。」を加えることで、さらにその決意をあらわしているといえます。この他にも前文の随所にアジェンダに示された目標への思いの強さをみることができます。なぜ2015年に「持続可能な開発サミット」が開かれ、「我々の世界を変革する：持続可能な開発のための2030アジェンダ」が発せられたのでしょうか？

その誕生につながる流れをふり返ってみることにします。

●SDGs誕生の流れ　～MDGsからSDGsへ～

　「持続可能な開発サミット」が開催された2015年は、2001年からの15年間で達成することが宣言された「ミレニアム開発目標(MDGs)」の節目にあたる年でした。

　新しいミレニアムの始まりを目前にした2000年9月、147の国家元首をふくむ189の国際連合加盟国代表が、アメリカのニューヨークにある国際連合本部に集い、21世紀の国際社会の目標として「国連ミレニアム宣言」を採択しました。この宣言は、平和と安全、開発と貧困、環境、人権とグッドガバナンス(良い統治)、アフリカの特別なニーズなどを課題としてかかげ、21世紀の国連の役割に関する明確な方向性を示すものでした。

　さらにこの会議では、「国連ミレニアム宣言」と、1990年代に開催された主要な国際会議で採択された国際開発目標を統合する試みもなされました。そして、それらが一つの共通の枠組みとしてまとめられました。これが「ミレニアム開発目標(MDGs)」です。8つの目標がかかげられ、2015年までに達成することが宣言されました。

　そして、2015年を迎え、一定の成果はあったもののまだまだ課題が多く残る結果となり、2015年以降の新たな開発課題が注目を集めるようになりました。

　そうした中、当時、国際連合事務総長であったパン・ギムン氏は2012年に「ポスト2015開発アジェンダに関するハイレベルパネル」を設置しました。そして、当時の首脳であったインドネシアのユドヨノ大統領、リベリアのサーリーフ大統領、イギリスのキャメロン首相が共同議長を務め、世界各国の政界・財界・学界から力のある人を委員に任命して議論が重ねられました。その成果は2013年5月に、「事務総長報告書」としてまとめあげられました。

　ミレニアムとは、キリスト教でいうところの千年紀のことです。1番目の千年紀は1世紀から10世紀、次の千年紀は11世紀から20世紀となります。日本では1999年頃に関心が集まった言葉です。

　西暦2001年を迎えるにあたり、次の千年紀(21世紀から30世紀)がいかなるものになるか？　また、いかなる世界にしていくか？　ということが話題になりました。20世紀までの千年紀の世界は、国家というモノが敵味方に分かれ、互いにその覇権を争ったり、経済においては先進国と開発途上国という風に分かれ、経済格差の拡大をつくったりした時代でした。そうした中で、次の千年紀への期待が高まっていたのかもしれません。戦争よりも平和、経済よりも共生というスローガンが生まれた時代でもありました。

　教育や母子保健など特定の分野で多く残る課題やアフリカや南アジア等での達成の遅れが出てしまいました。またグローバル化が進展する中で、国内格差の拡大や持続可能な開発の必要性が環境分野で主張されるようになりました。

この動きと呼応するかのように、2012年の「国連持続可能な開発会議（リオ＋20）」では、人間を中心とした「持続可能な開発」の重要性をふまえた「持続可能な開発目標（SDGs）」を、2015年以降の国連の開発アジェンダと統合する形で制定することが確認されました。そして、その策定のための政府間交渉プロセスがスタートし、17の目標、169のターゲットを持つ「持続可能な開発目標（SDGs）」にまとめられました。

また、「持続可能な開発目標（SDGs）」実施のための資金面について話し合うために、「持続可能な開発のための資金に関する政府間専門家委員会」が設置されました。

政府間交渉は、「オープン・ワーキング・グループ（OWG）」という枠組みで、市民社会など、政府以外のセクターにもオープンな形で2014年7月まで進められました。

これらの動きは、2014年12月に「国連事務総長統合報告書」としてまとめられ、これに基づいて、2015年1月から7月までの政府間交渉の末、合意文書として、「我々の世界を変革する：SDGsに関する2030アジェンダ」が策定されました。そして、2015年の9月に「国連持続可能な開発サミット」において採択されたのです。

人類の歴史をふり返ると、第一千年紀は成長と発展の時代でした。地球上にいくつもの文明が生まれ滅亡しながらも、たくさんの知を発見し続けてきました。そしてそれらが科学革命をもたらし、産業革命へとつながり、気がつけば暮らしていくためには、地球が一つでは足りないというところにまで行き着きました。

英国の飢餓救済団体「オックスファム・インターナショナル」の出した報告書では、「世界人口の1％を占める富裕層が所有する富を全て合わせたものは、このまま行くと、2016年には世界の残りの人々が所有する富の合計よりも多くなる」という見解が示されました。その一方で、何億もの人が1日1.25ドル未満で生活することを余儀なくされているという報告もされています。

1番目の千年紀のことを第一千年紀とよぶことがあります。このよび方にならうと、西暦1年から1000年までが第一千年紀、1001年から2000年までが第二千年紀、2001年から3000年までが第三千年紀です。

第二千年紀において、人類が第一千年紀に生み出した悲劇と危機にいかに向き合い、つき合いながら、第三千年紀という未来をつくっていくか、その為の第一歩が、人類がはじめてつくった共通の目標「持続可能な開発目標（SDGs）」であると言うことができるかもしれません。

持続可能な開発（SD）と持続可能な開発のための教育（ESD）年表

	「地球環境問題」の動き	「持続可能な開発のための教育」の動き
1972	ローマクラブが『成長の限界』発表	
	国連人間環境会議開催（ストックホルム）「人間環境宣言」採択、国連環境計画（UNEP）が設立	
1980	国連環境計画（UNEP）・国際自然保護連合（IUCN）・世界自然保護基金（WWF）が提出した「世界自然保全戦略」で、**「持続可能な開発」の概念が初めて示される**	
1987	オゾン層破壊物質に関するモントリオール議定書を採択	環境と開発に関する国際連合会議で、議長を務めたグロ・ハーレム・ブルントラントによって「持続可能な開発（Sustainable Development）」という表現が用いられ、この概念が広く理解される
	ブルントラント委員会が「持続可能な開発」を提言	
1992	国連環境開発会議（地球サミット）開催 （リオデジャネイロ）	
	リオ宣言・アジェンダ21・生物多様性条約・気候変動枠組み条約を採択	「持続可能な開発」の実現に向けた話し合いがもたれ、国際的行動指針「アジェンダ21」に、教育の重要性が盛り込まれる
2000	バイオセーフティに関するカルタヘナ議定書を採択	国連ミレニアム・サミットで、「国連ミレニアム宣言」を採択。また、1990年代に開催された主要な国際会議やサミットで採択された国際開発目標を統合し、ひとつの共通の枠組みとして「**ミレニアム開発目標（Millennium Development Goals: MDGs）**」がまとめられる
2002	持続可能な開発に関する世界首脳会議（環境開発サミット）開催 （ヨハネスブルグ）	
	環境開発サミットで日本政府およびNGOが**「持続可能な開発のための教育」（ESD）**を提唱	
2002	第57回国連総会本会議で、2005年から2014年までの10年間を「国連持続可能な開発のための教育の10年（UNDESD、国連ESDの10年）」とすることを採択。ユネスコがESDの主導機関に指名される	
2003	ヨーロッパで記録的な熱波	ユネスコが「ESDの10年国際実施計画2005～2014」の草案を発表
	イラク戦争 劣化ウラン弾が使用される	
2004	環境活動家ワンガリ・マータイ ノーベル平和賞受賞	**「持続可能な開発のための教育の10年」**を採択
2005	京都議定書発効（2008年～2012年までが第一約束期間）	「国連持続可能な開発のための教育（ESD）世界会議」を開催、「ボン宣言」を採択
2012	国連持続可能な開発会議（リオ＋20）開催 （リオデジャネイロ）	
	「我々の求める未来」を採択	宣言文の中で、2014年以降もESDを推進することが盛り込まれる
2013	フィリピンが台風で大きな被害を受ける	第37回ユネスコ総会において、「国連持続可能なための教育の10年」（2005～2014年）の後継プログラムとして「ESDに関するグローバル・アクション・プログラム（GAP）」を採択
	IPCCが第5次報告書 第1作業部会報告書を発表	
2014	IUCNがニホンウナギ、太平洋クロマグロを絶滅危惧種に指定	国連総会のオープン・ワーキング・グループがミレニアム開発目標（MDGs）を引き継ぐものとして「持続可能な開発目標」（SDGs）を提案
	IPCCが第5次報告書 第2・3作業部会報告書を発表	「持続可能な開発のための教育（ESD）に関するユネスコ会議」に関する会合が、岡山県岡山市および愛知県名古屋市で開催
2015	"スーパー台風"がバヌアツを直撃	国連サミットにおいて「持続可能な開発のための2030アジェンダ」を採択
	COP21開催 パリ協定を採択	
2016	2016年1月1日、**「持続可能な開発目標（SDGs）」**が正式に発効	

SDGsを採択した国際連合って、どんな組織？

~時代とともに変わる、国際連合の役割~

国際連合は、2015年に創設から70周年という節目の年を迎えました。その節目の年に、加盟国全会一致で採択されたのが、この本のテーマでもあるSDGs（持続可能な開発目標）です。このような活動をしている国際連合とはどのような組織なのでしょうか。ここでは、国際連合の創設から現在までの歩みや、時代とともに変化する国際連合の役割に目を向けていきましょう。

●第二次世界大戦の戦勝国を中心につくられた国際連合

このように、国際協力や国際平和をめざしてつくられた組織は、国際連合がはじめてではありません。しかし、さまざまな課題や世の中の変化をのりこえて70年もの間、存続しているのは、国際連合だけです。実際、第一次世界大戦後の1920年につくられた国際連盟は、わずか20年でその使命を終えました。

国際連合は、第二次世界大戦の終わりとともに、「国際の平和と安全を維持すること」を目的の一つとして1945年に創設されました。

国際連合は英語でUnited Nationsといいます。United Nationsという名称は1942年、26か国の政府代表が枢軸国（ドイツ・イタリア・日本など）に対して共に戦うと誓った「連合国宣言（Declaration by United Nations）」の中で、はじめて使われた名称です。ですから、国際連合とは、連合国のことであり、第二次世界大戦の戦勝国のことなのです。

連合国の中でも中心的存在だったのが、アメリカ・イギリス・フランス・ソビエト連邦・中国の5か国です。1944年に、アメリカ・イギリス・ソビエト連邦・中国の4か国の代表が、ワシントン郊外のダンバートン・オークスに集まって話し合い、続く1945年4月から6月にかけて50か国の代表がサンフランシスコに集まりました。そして「戦争の惨禍」を終わらせるという決意のもと、国際連合憲章が起草され、6月26日に署名されたのです。日本がポツダム宣言を受け入れる1か月以上も前のことです。

世界の平和に対する歴史的誓約を記念して、毎年10月24日は「国連デー」を祝う行事が各国で行われます。

1945年10月24日、国際連合は原加盟国51か国でスタートしました。そして、国際連合の設立目的である「国際の平和と安全の維持」にもっとも重要な役割を持つ安全保障理事会の常任理事国には、ダンバートン・オークス会議によってアメリカ・イギリス・フランス・ソビエト連邦・中国の5か国がつくことで一致しました。

●国際連合の目的と安全保障理事会常任理事国の特別な地位

ここで、国際連合憲章に定められた、国際連合の目的に目を向けます。

- 国際の平和と安全を維持すること。
- 人民の同権および自決の原則の尊重に基礎をおいて、諸国間の友好関係を発展させること。
- 経済的、社会的、文化的または人道的性質を有する国際問題を解決し、かつ人権及び基本的自由の尊重を促進することについて協力すること。
- これらの共通の目的を達成するにあたって諸国の行動を調和するための中心となること。

目標の最初に「国際の平和と安全の維持」がかかげられています。国際連合という組織が、国際平和をめざすためにできたことを考えれば、当然のことともいえます。また、平和と安全の維持に重要な役割を持つ安全保障理事会の常任理事国である5か国は国連創設の中心となった戦勝国なので、特に大きな力を持つようになったのも当然の流れといえるでしょう。たとえば国連憲章の改正は、総会を構成する国の3分の2の多数で採択した後、安全保障理事会の5常任理事国をふくむ加盟国の3分の2が批准してはじめて可能になります。また、5常任理事国は、国連憲章の改正以外にも大きな力を持っています。安全保障理事会の決議における拒否権の存在がその代表的な例です。

●拒否権ってなんだろう？

安全保障理事会は15の国で構成されていて、各理事国はそれぞれ1票の投票権を持っています。手続き的なことがらは、15か国のうち、9か国の賛成で決定されますが、その他すべてのことがらの決定には、5常任理事国の同意投票をふくむ9か国の賛成が必要です。常任理事国の反対投票は、決議を拒否する力を持っていることから「拒否権」とよばれています。5常任理事国のうちの1か国でも反対ならば、その決議は否決されるのですから、とても大きな力だといえます。そして、この5か国が拒否権を持つことは、前述の1944年に行われた話し合いで決定したことなのです。つまり、拒否権なしには国際連合は創設されなかったともいえるのです。

日本が、国際連合に加盟したのは、1956年です。第二次世界大戦で敗戦したあと、1951年にサンフランシスコ平和条約を結んで独立を回復し、その後ソ連との国交も回復したことで、ようやく加盟が実現しました。

安全保障理事会は、5常任理事国と、10の非常任理事国で構成されています。現在の国連が193か国で構成されていることを考えると、そのうちの15というのはごくわずかな数です。非常任理事国は選挙で選ばれ、任期は2年です。日本は2016年1月〜2017年12月に任期をつとめました。非常任理事国に選ばれるのは11回目でした。11回というのは、非常任理事国の中では過去最多です。

1944年、ダンバートン・オークス会議は2回開かれています。1回目はアメリカ・イギリス・ソ連、2回目はアメリカ・イギリス・中国が参加して行われました。国連憲章は、ダンバートン・オークス提案をもとに修正されたものです。拒否権についても、各国の提案内容に差はありましたが、この会議でおおむね意見が一致し、定められました。

●冷戦下の世界と拒否権

第二次世界大戦が終わり、国際の平和と安全のために国際連合が創設されました。ところが終戦後すぐにアメリカとソ連が対立したことから、世界は冷戦下におかれることになりました。この冷戦時代、5常任理事国は互いの提案に拒否権を発動しあい、安全保障理事会はほぼ何も決定できないような時期が続きました。国連憲章では、加盟国同士が戦争をはじめたとき、国際連合が軍事介入をすることが認められています。しかし、冷戦時代に「国連軍」が組織されたのは、1950年にはじまった朝鮮戦争のときだけです。その決議は、ソ連が欠席したために成立したものでした。

●冷戦終結後、国際連合に大きな期待がかけられるように

冷戦が1989年に終結すると、国際連合には大きな期待がかけられるようになります。冷戦時代は、二大勢力の対立とそれにともなう戦争が安全保障上の大きな課題でしたが、冷戦後はアフリカをはじめとする地域紛争や、各地の宗教や民族の対立が大きな課題となっています。さらに、安全保障に加えて、環境・人口・人権など、国連が取り組むべき課題は、以前よりも多様化し複雑になってきているのです。その中で、国際連合が期待通りの役割を果たせているかといわれれば、まだまだ問題は山積みです。

●世界が直面する課題とSDGs

今の世界は、気候変動による自然災害の増加や生態系の破壊、国境を越える感染症の脅威、格差拡大、貧困に起因するテロリズム、難民問題……とさまざまな課題に直面しています。互いにからみあい複雑化する課題に、世界が一丸となって取り組むために、国連加盟国は、全会一致でSDGsを採択しました。2000年に合意したMDGs（ミレニアム開発目標）を通して得たことと、積み残したことの両方をふまえ、ようやくできた新しい目標であるSDGs。このSDGsは、70周年を迎えた国連が新時代へとふみ出すきっかけとなるかもしれません。

国際連合の組織図（資料）

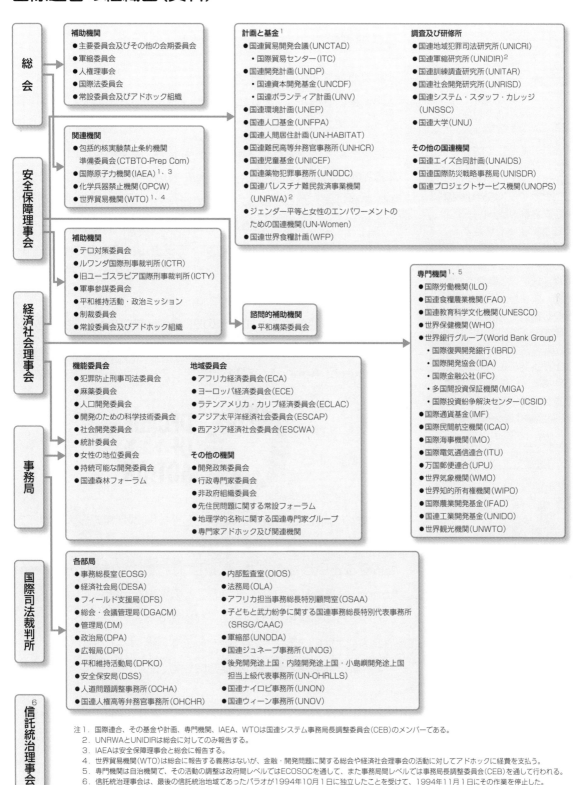

総会

補助機関
- ●主要委員会及びその他の会期委員会
- ●軍縮委員会
- ●人権理事会
- ●国際法委員会
- ●常設委員会及びアドホック組織

関連機関
- ●包括的核実験禁止条約機関
  準備委員会(CTBTO-Prep Com)
- ●国際原子力機関(IAEA)[1,3]
- ●化学兵器禁止機関(OPCW)
- ●世界貿易機関(WTO)[1,4]

安全保障理事会

補助機関
- ●テロ対策委員会
- ●ルワンダ国際刑事裁判所(ICTR)
- ●旧ユーゴスラビア国際刑事裁判所(ICTY)
- ●軍事参謀委員会
- ●平和維持活動・政治ミッション
- ●制裁委員会
- ●常設委員会及びアドホック組織

諮問的補助機関
- ●平和構築委員会

経済社会理事会

機能委員会
- ●犯罪防止刑事司法委員会
- ●麻薬委員会
- ●人口開発委員会
- ●開発のための科学技術委員会
- ●社会開発委員会
- ●統計委員会
- ●女性の地位委員会
- ●持続可能な開発委員会
- ●国連森林フォーラム

地域委員会
- ●アフリカ経済委員会(ECA)
- ●ヨーロッパ経済委員会(ECE)
- ●ラテンアメリカ・カリブ経済委員会(ECLAC)
- ●アジア太平洋経済社会委員会(ESCAP)
- ●西アジア経済社会委員会(ESCWA)

その他の機関
- ●開発政策委員会
- ●行政専門家委員会
- ●非政府組織委員会
- ●先住民問題に関する常設フォーラム
- ●地理学的名称に関する国連専門家グループ
- ●専門家アドホック及び関連機関

計画と基金[1]
- ●国連貿易開発会議(UNCTAD)
  - ・国際貿易センター(ITC)
- ●国連開発計画(UNDP)
  - ・国連資本開発基金(UNCDF)
  - ・国連ボランティア計画(UNV)
- ●国連環境計画(UNEP)
- ●国連人口基金(UNFPA)
- ●国連人間居住計画(UN-HABITAT)
- ●国連難民高等弁務官事務所(UNHCR)
- ●国連児童基金(UNICEF)
- ●国連薬物犯罪事務所(UNODC)
- ●国連パレスチナ難民救済事業機関
  (UNRWA)[2]
- ●ジェンダー平等と女性のエンパワーメントの
  ための国連機関(UN-Women)
- ●国連世界食糧計画(WFP)

調査及び研修所
- ●国連地域犯罪司法研究所(UNICRI)
- ●国連軍縮研究所(UNIDIR)[2]
- ●国連訓練調査研究所(UNITAR)
- ●国連社会開発研究所(UNRISD)
- ●国連システム・スタッフ・カレッジ
  (UNSSC)
- ●国連大学(UNU)

その他の国連機関
- ●国連エイズ合同計画(UNAIDS)
- ●国連国際防災戦略事務局(UNISDR)
- ●国連プロジェクトサービス機関(UNOPS)

専門機関[1,5]
- ●国際労働機関(ILO)
- ●国連食糧農業機関(FAO)
- ●国連教育科学文化機関(UNESCO)
- ●世界保健機関(WHO)
- ●世界銀行グループ(World Bank Group)
  - ・国際復興開発銀行(IBRD)
  - ・国際開発協会(IDA)
  - ・国際金融公社(IFC)
  - ・多国間投資保証機関(MIGA)
  - ・国際投資紛争解決センター(ICSID)
- ●国際通貨基金(IMF)
- ●国際民間航空機関(ICAO)
- ●国際海事機関(IMO)
- ●国際電気通信連合(ITU)
- ●万国郵便連合(UPU)
- ●世界気象機関(WMO)
- ●世界知的所有権機関(WIPO)
- ●国際農業開発基金(IFAD)
- ●国連工業開発基金(UNIDO)
- ●世界観光機関(UNWTO)

事務局

各部局
- ●事務総長室(EOSG)
- ●経済社会局(DESA)
- ●フィールド支援局(DFS)
- ●総会・会議管理局(DGACM)
- ●管理局(DM)
- ●政治局(DPA)
- ●広報局(DPI)
- ●平和維持活動局(DPKO)
- ●安全保安局(DSS)
- ●人道問題調整事務所(OCHA)
- ●国連人権高等弁務官事務所(OHCHR)
- ●内部監査室(OIOS)
- ●法務局(OLA)
- ●アフリカ担当事務総長特別顧問室(OSAA)
- ●子どもと武力紛争に関する国連事務総長特別代表事務所
  (SRSG/CAAC)
- ●軍縮部(UNODA)
- ●国連ジュネーブ事務局(UNOG)
- ●後発開発途上国・内陸開発途上国・小島嶼開発途上国
  担当上級代表事務所(UN-OHRLLS)
- ●国連ナイロビ事務局(UNON)
- ●国連ウィーン事務局(UNOV)

国際司法裁判所

信託統治理事会[6]

注 1．国際連合、その基金や計画、専門機関、IAEA、WTOは国連システム事務局長調整委員会(CEB)のメンバーである。
　　2．UNRWAとUNIDIRは総会に対してのみ報告する。
　　3．IAEAは安全保障理事会と総会に報告する。
　　4．世界貿易機関(WTO)は総会に報告する義務はないが、金融・開発問題に関する総会や経済社会理事会の活動に対してアドホックに経費を支払う。
　　5．専門機関は自治機関で、その活動の調整は政府間レベルではECOSOCを通して、また事務局間レベルでは事務局長調整委員会(CEB)を通して行われる。
　　6．信託統治理事会は、最後の信託統治地域であったパラオが1994年10月1日に独立したことを受けて、1994年11月1日にその作業を停止した。
　　これは国際連合の公式文書ではなく、またすべての機関を載せるように意図されたものではない。

「行動の10年(Decade of Action)」とUN75

●国連創設の70周年の年にうまれたSDGs。

あれから5年の助走期間を経て、
2030年に向けた残りの10年をどのように進むのか。

アントニオ・グテーレス国連事務総長は、国連創設75周年をむかえる2020年の1月の演説で、今、私たちの世界にある四つの脅威について語りました。一つが、核競争を含めた国際の平和と安全への危機。二つ目が気候変動による危機。三つ目が政治のリーダーシップに対する信頼の喪失。四つ目が、デジタル技術の負の側面です。そして、この演説がもし4月であったとするならば、5つ目にCOVID-19を加えたかもしれません。

こうした脅威の中で、2030年のSDGs達成に向けて国際連合は、各国の政府、市民社会、企業、人々を巻き込んだ「行動の10年(Decade of Action)」を打ち出しました。

「行動の10年(Decade of Action)」は、地球規模で最大の課題である貧困、ジェンダー平等、気候変動に対して持続可能な解決をもたらそうというものです。国連は、「行動の10年(Decade of Action)」を通じて、次の3つのことの実現を目指しています。

(1) あらゆる場所のすべての人が参加すること
(2) 即効性のある大胆な行動を起こすこと
(3) 新たな発想と解決策を促進させること

これまでのグローバル(国際)、ローカル(国、地域、企業など)に、インディビジュアル(個人)が加わり、三つのレベルからのアクション(行動)が交わりあい、重なりあって、行動していこうという呼び掛けが始まったのです。

COVID-19は、2019年新型コロナウイルス感染症の国際正式名称。ヒトに感染することによって発症する、気道感染症の一種です。多くの場合、無症状または風邪様症状を伴う軽症で自然治癒しますが、重症では急性呼吸窮迫症候群などを伴います。
2020年4月7日、日本ではCOVID-19の影響により、特別措置法に基づく緊急事態宣言が発令されました。

インディビジュアル(個人)が加わったことで、アクション(行動)の交わりあいや重なりあいはどう変わる？

●2020年そしてその先へ

「一緒につくろう私たちの未来」

国連は、国連創設75周年を記念し、2020年1月、「UN75」を発足させました。時代は、VUCAそしてWith COVID-19。私たちは、多くの問題に向き合いながら、「いかにしてよりよい世界を構築できるか」という未来に関する対話の場が求められています。あらゆる人があらゆる場所で、聴きあい、学びあうことをグローバルな規模で後押ししていく取り組み、それが「UN75」です。

このような対話の場は、10年後のSDGsの達成には必要不可欠であることはもちろん、その後の未来をつくるときにもかかせません。SDGs達成から15年後の2045年は、国連創設100周年をむかえます。そのときによりよい世界が実現しているためにグローバルに、ローカルに、そしてインディビジュアルにどのような取り組みが役立つのかをともに考え行動しようと呼びかけているのです。

「UN75」では、私たちに3つの大きな問いを投げかけています。

(1) 私たちはどのような未来をつくりたいか？

(2) それを実現できる目途は立っているか？

(3) そのギャップを埋めるためにどのような行動が必要か？

あなたは、これらの問いにどのような答えをつくり続けますか？

これらの問いへの答えを「UN75」は、つなぎ、増幅させ、行動へとつなげていく役割を担うといいます。オンラインとオフライン、フォーマルとインフォーマルな対話を通して、できるだけ多くの人々、理想的には193の国連加盟国すべての人々を巻き込んでいくといいます。と同時に、世界的な世論調査やメディア分析を通して、統計的に意味のあるデータを提供するといいます。さらには、取りまとめた意見とアイディアは、世界のリーダーに提示し、広く拡散していくそうです。

ちなみに、国連が創設100周年をむかえる2045年は「シンギュラリティー」の年ともいわれています。人工知能（AI）が人類の知の総和を超えるといわれるその年に、私たちはどのような日常を過ごしているのでしょうか？

「VUCA」という言葉は、Volatility（変動性）、Uncertainty（不確実性）、Complexity（複雑性）、Ambiguity（曖昧性）の頭文字を並べてつくられました。
1990年頃に軍事用語として発生しました。2010年代になると、予測困難な社会や時代を表すキーワードとして使われるようになりました。

シンギュラリティーは、レイ・カーツワイル博士をはじめとした多くの研究者たちが、コンピュータテクノロジーの進化について予測した仮説です。
日本では2015年頃、「10〜20年後、国内の労働人口の約49％がAIやロボットで代替可能になる」という報告書が発表されました。報告書は、601種の職業について、創造性や協調性が求められる非定型の業務は人間が担うが、一般事務・配送・清掃・警備・運転・製造業務などの約100種は代替可能性がきわめて高いと指摘しています。

MDGsの成果と課題からとらえる、SDGs・17のゴールが採択されたプロセス

　MDGsに向けた15年の取り組みの結果、世界全体で多くの成果がみられたといわれています。一方で国や地域、性別や年齢、経済状況、文化背景などによって目標達成に格差がうまれ、成果の恩恵が受けられない人々がまだたくさんいることも事実です。日本ユニセフ協会のホームページには、MDGsの各目標ごとに、その成果と残る格差・課題が提示されています。たとえば、MDGsの目標2で示された「普遍的初等教育の達成」については、以下のような報告がされています。

2. 普遍的初等教育の達成
(すべての子どもたちが、男女の区別なく初等教育の全課程を修了できるようにする)

2015年最終報告書における成果
- 途上国の初等教育純就学率は80%(1990年)から91%(2015年)に増加。
- 学校に通っていない初等教育学齢期の子どもの数は、1億人(2000年)から5700万人(2015年)に減少。
- 若者(15〜24歳)の識字率は、83%(1990年)から91%(2015年)に向上。

残る格差・課題
- 小学校に通っていない5700万人のうち、3300万人がサハラ以南のアフリカで暮らしている。また、全体の半数以上を占める55%が女の子。
- 途上国では、最貧層世帯(下位20%)の子どもは、最富裕層世帯(上位20%)の子どもに比べて、初等教育課程を修了していない割合が5倍以上。

　これらの報告を見ると、MDGsの成果と課題をもとに、なぜSDGsの17のゴールがあらためて採択されたのかを推測していくことができそうです。そして、さまざまな状況や考え方がある中で、どのようにしたら「誰一人取り残さない(No one will be left behind)」世界をつくっていくことができるのかを自分自身の課題としてとらえ、行動していきましょう。

第2章 SDGsの目標一つひとつに目を向けていこう

17のゴールは、今から創っていく未来を生きる、全ての時代の全ての人のための目標です。一つひとつの目標は、人間、豊かさ、地球、平和、パートナーシップという5つの要素のいずれか1つ以上に関係しています。

ここからは、一つひとつ、目標ごとにどのような内容が示されているのかを見ていきます。また、示された内容を読み解くための手がかりをさまざまな形で紹介していきます。

それぞれのゴールを見据えて、未来を創るためにどのような行動をとることができるでしょうか。自分自身で、そして仲間とともに、未来を創るための一歩をふみ出していきましょう。

ここから先のページの読み方

国連広報センターが示した、持続可能な開発目標（SDGs）資料より、目標の日本語訳、写真、ロゴを掲載しています。

日能研がまとめた、持続可能な開発目標（SDGs）の各目標をとらえるための概略や問いを掲載しています。

国連広報センターが示した、17の目標ごとの「事実と数字（Facts and Figures）」の日本語訳を掲載しています。この内容は、国連本部のウェブページ（About the Sustainable Development Goals）に掲載されている内容を日本語訳し、まとめたものです。

目標に取り組んでいる機関や、そのための基金の紹介など、各目標を読み解くための手がかりを掲載しています。

各目標と関係がある出来事や、SDGsそのものをとらえていくための手がかりについて書かれたコラムです。

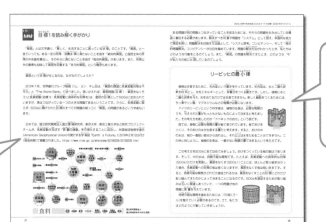

あらゆる場所で、あらゆる形態の貧困に終止符を打つ

（資料提供　国連広報センター）

2000年以降、世界での極度の貧困率は低下しました。しかし依然として、開発途上地域では、10人に1人が極度の貧困（一日1ドル90セント未満で生活すること）状態で生活しているという現状があります。また、「極度の貧困」状態をわずかに上回った生活をしている人々も世界中にはたくさんいることに加え、貧困に逆戻りする可能性を抱えている人々もたくさんいます。そんな中、今後10年間で、極度の貧困をふくめ、あらゆる形態の貧困に終止符を打つことを目指しています。

「貧困」とは、生活をしていくためのお金がないことだけではありません。十分な食事がとれないことや栄養不良、教育その他の基本的なサービスを受けることができない、社会的な差別を受ける、何かを決定する場面に参加することができないなど、さまざまなことをふくんでいます。

社会的に弱い立場の人々をはじめ、全世界の人々が、基本的な生活水準と社会的保護を受けられるようになるために、私たちにはどのようなことができるでしょうか。また、全世界の人々がそれらを受けられるようになると、どのような未来がつくられていくのでしょうか。

巻末にある各ゴールのターゲットと指標（159ページ）も見てね。

事実と数字

- 1日1ドル90セントという国際貧困ライン未満で暮らす人々は、7億8,300万人に上ります。
- 2016年の時点で、全世界の労働者のほぼ10％は1日1人1ドル90セント未満の所得で家族と暮らしています。
- 全世界の25歳から34歳の年齢層で、極度の貧困の中で暮らす人々は、男性100人当たり女性122人となっています。
- 極度の貧困の中で暮らす人々のほとんどが2つの地域に集中しています。南アジアとサハラ以南アフリカです。
- 脆弱で紛争の影響を受ける小さな国々では、貧困率がしばしば高くなっています。
- 全世界で5歳未満の子どもの4人に1人が、年齢に見合う身長に達していません。
- 2016年の時点で、少なくとも1件の社会保障現金給付を実効的に受給できる人々は、世界人口のわずか45％にとどまっています。
- 2017年には、米国とカリブ海を襲った3つの大型ハリケーンによるものを含め、災害による経済的損失が3,000億ドルを超えたものと見られています。

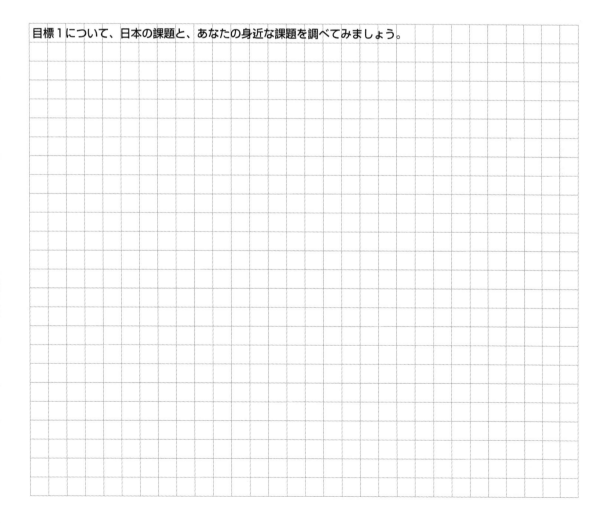

目標1について、日本の課題と、あなたの身近な課題を調べてみましょう。

目標1を読み解く手がかり

「貧困」とは文字通り、「貧しく、生活することに困っている状態」のことです。「貧困」と一言でいっても、ある一定の所得・消費水準に満たないことを指す「絶対的貧困」と国民全体の所得の中央値を算出し、その半分に満たないことを指す「相対的貧困」があります。また、所得以外の要素も加味して貧困を定義する「多元的貧困」という概念もあります。

貧困という状態が生じるのは、なぜなのでしょうか?

2013年7月、世界銀行グループ総裁 ジム・ヨン・キム氏は、「貧困の撲滅に気候変動対策は不可欠」と『The World Bank』で述べました。言いかえれば、貧困問題(目標1：貧困をなくそう)と気候変動(目標13：気候変動に具体的な対策を)は、個別の目標としてSDGsに定められていますが、実はつながっている一つの大きな問題であるということです。さらに、気候変動に限らず、SDGsに掲げられた目標のすべての問題の根っこに「貧困」の問題があるという学者もいます。

日本では、国立研究開発法人国立環境研究所、東京大学、東京工業大学など研究プロジェクトチームが、気候変動が及ぼす「影響の連鎖」を可視化することに成功し、米国地球物理学連合(American Geophysical Union)の発行する学術誌『Earth's Future』に2019年2月12日付け(現地時間)で掲載されました。https://www.nies.go.jp/whatsnew/20190228/20190228.html

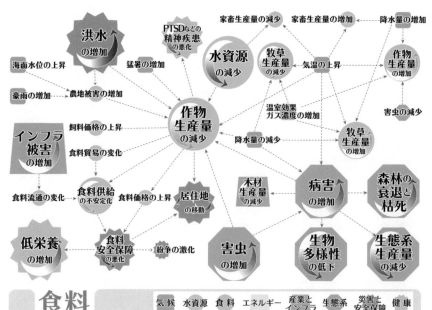

国立研究開発法人
国立環境研究所(NIES)提供

ある問題が別の問題とつながっていることを知るためには、それらの問題を生み出している構造に着目する必要があります。解決すべき対象や問題を「システム」として捉え、多面的な見方で原因を探り、問題解決を目指す方法論として、「システム思考」コンピテンシー、そして「統合的問題解決」コンピテンシーが注目を集めています。問題の解決方法がわかったとき、私たちはどのような行動をとるのでしょう。また、「貧困」の問題を解決できたとき、どのような"今"が私たちの前に出現しているのでしょう。

リービッヒの最小律

　植物は生長するために、光合成という働きを行っています。光合成は、水と二酸化炭素を材料とし、光をエネルギーとして、栄養分をつくる働きです。しかし、植物に水と二酸化炭素を与え、光を当てるだけでは生長できません。新しく細胞をつくるためには、ちっ素やリン酸、マグネシウムなどの物質が必要になります。

　ドイツのリービッヒという科学者は、植物の生長は、必要な物質のうち、与えられた量がもっとも少ないものによって決まると考えました。その考え方を表したのが「ドベネックのおけ」という図です。

　図では、植物に必要な物質の量が板で表されています。板でおけをつくり、そのおけの水が生長する量だと考えます。すると、おけの中の水は、板の一番短い部分から流れ出し、それ以上は水をためることはできません。この例と同じように、植物の生長は、一番少ない物質の量で決まるという考え方です。

　この考え方をSDGsにあてはめてみましょう。おけをつくっている板の数は17あります。そして、中の水は、持続可能な開発です。たとえば、気候変動への具体的な対策（SDGs13）だけを実施し、貧困をなくす（SDGs1）ことには、ほとんど取り組まなかった場合、気候変動への対策の板は長くなりますが、貧困をなくす板は短いままです。すると、持続可能な開発がどれだけ達成されるかは、貧困をなくすことの目標にどれだけ取り組んできたのかによって決まることになるのです。SDGsを達成するための取り組みは互いに関連しあっていて、一つの問題が他の問題に影響を与えています。

　持続可能な開発を進めるためには、17の板（ゴール）を整えていく必要があるのです。さて、私たちはどのように行動していきましょうか。

目標 2
飯餓に終止符を打ち、食料の安全確保と栄養状態の改善を達成するとともに、持続可能な農業を推進

（資料提供　国連広報センター）

世界の中には、長い間食事をとることができず、栄養不良や不健康な状態になっている人がたくさんいます。現時点で、日常的に空腹を抱えている人々は8億2000万人に上るとされています。また、2019年の時点で発育不全状態にある5歳未満の子どもは、全世界で1億4400万人。そして4000万人の子どもが過体重、あるいは肥満。質の悪い食生活や偏った食料システムの犠牲となっている5歳未満の子どもは、およそ3人に1人に達していると見られています。さらには、2050年までには全世界の人口が97億人に増加することが予測されています。世界の全ての人々に食料を供給するためには、世界の食料・農業システムを根本的に変えていくことが必要です。

現在、土壌や海洋、生物多様性の劣化が急速に進んでいます。また極端な気候変動により、干ばつや洪水などの災害のリスクも高まっています。農村部では、自分たちの土地で生計を立てられなくなり、都市への移住を余儀なくされている人々もたくさんいます。

環境を壊すことなく、生産量を増やすとともに、災害に対する適応能力を向上させ、土地と土壌の質を改善していくために、私たちにはどのようなことができるでしょうか。

巻末にある各ゴールのターゲットと指標（159ページ）も見てね。

事実と数字

飢餓

- 現在、世界人口の９人に１人（９億1,500万人）が栄養不良に陥っています。

- 世界で飢餓に苦しむ人々の多くが暮らす開発途上国では、栄養不良率が人口の12.9％に達しています。

- 飢餓に陥っている人々が最も多いのはアジアで、全体の３分の２を占めています。南アジアの割合は近年、低下してきていますが、西アジアの割合は微増となっています。

- 最も飢餓が広がっている南アジアでは、約２億8,100万人が栄養不良に陥っています。サハラ以南アフリカでは、2014-2016年の期間予測値で、栄養不良率がおよそ23％に上ります。

- 栄養不良が原因で死亡する5歳未満の子どもは年間310万人と、子どもの死者数のほぼ半数（45％）を占めています。

- 世界の子どもの４人に１人は、発育不全の状態にあります。開発途上国に限ると、この割合は３人に１人に上昇します。

- 開発途上国では、就学年齢の子ども6,600万人が空腹のまま学校に通っていますが、アフリカだけでも、その数は2,300万人に上ります。

食料の安定確保

- 世界で最も就業者が多い産業である農業は、現在の世界人口の40％に生計手段を提供しています。また、農村部の貧困世帯にとっては、農業が最大の所得源かつ雇用源となっています。

- ほとんどが天水農業を営む全世界5億軒の小規模農家は、開発途上地域の大部分で消費される食料の80％程度を提供しています。小規模農家への投資は、最貧層の食料安全保障と栄養状態を改善し、国内・世界市場向けの食料生産を増大させる重要な手段です。

- 1900年代以来、農地からは作物多様性の約75％が失われています。農業多様性をよりよく活用すれば、さらに栄養豊富な食生活、農村の生計改善、営農組織のレジリエンスと持続可能性向上に貢献できます。

- 女性の農民が男性と平等に資源にアクセスできれば、全世界で飢餓に苦しむ人々を１億5,000万人も減らせる可能性があります。

- 全世界で40億人が電力を利用できていませんが、そのほとんどは開発途上地域の農村部で暮らしています。多くの地域ではエネルギーの貧困が、貧困を削減し、世界が将来の需要を満たせるだけの食料を生産できるようにするうえで、根本的な障壁となっています。

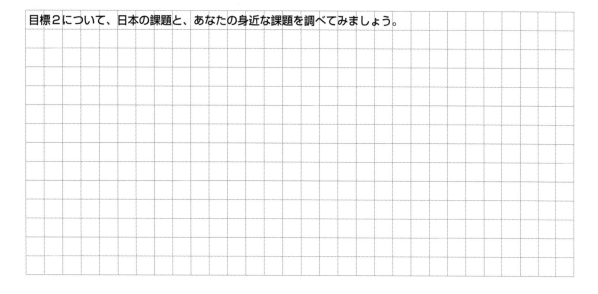

目標2について、日本の課題と、あなたの身近な課題を調べてみましょう。

2 飢餓をゼロに

目標2を読み解く手がかり

ハンガーマップ

※この地図の表記は、いかなる国、領土、海域及び境界線の法的あるいは憲法上の立場についても国連WFPの見解を示すものではありません。

　「ハンガーマップ」は、世界食糧計画（World Food Programme：国連WFP）が「世界の食料安全保障と栄養の現状2019」に基づき作成したものです。世界の飢餓状況が、栄養不足人口の割合により国ごとに5段階で色分けをして表現されています。

　「世界の食料安全保障と栄養の現状2019」は、国際連合食糧農業機関（FAO）、国際農業開発基金（IFAD）、国連児童基金（UNICEF）、国連WFPが発行する報告書です。2019年の報告では、「世界の飢餓人口は3年連続で未だ減少はなく、肥満は依然増加傾向の状況と伝えています。そして、これは持続可能な開発目標（SDGs）の2030年までに「飢餓をゼロに（ゼロハンガー）」を達成するための大きな課題となっていると指摘されています。

世界食糧計画
World Food Programme：
国連WFP

国連WFPは、次の５つの目標をかかげ、国際連合食糧農業機関(FAO)、国際農業開発基金(IFAD)と連携して、飢餓と向き合う世界規模の人道機関のひとつです。

1　緊急時に命を救い暮らしを守ること
2　緊急事態に備えること
3　緊急事態が過ぎた後に暮らしを復興して再建すること
4　あらゆる場所で慢性的な飢餓と栄養不良を減らすこと
5　飢餓を減らすために各国の能力を強化すること

加盟国36カ国からなる「WFP執行理事会」(WFP Executive Board)によって運営され、活動方針は４年ごとに策定される戦略目標に基づいています。SDGsが国連総会で採択されると、１年あまりの間を経て、「戦略計画2017－2021」が策定されました。現在は、「飢餓ゼロ達成のための各国支援」と「SDGs達成のためのパートナーシップ」に重点をおいた活動が展開されています。

国連食糧農業機関
Food and Agriculture
Organization of
the United Nations: FAO

貧困と飢餓を軽減する活動を続けながら、農業開発を進め、栄養の改善や食糧安全保障(★)の実現にも努めている機関です。
FAO内にある「世界食糧安全保障委員会(Committee on World Food Security)」では、国際食糧安全保障の状況について監視し、評価し、協議されます。また、「全地球情報早期警報システム(Global Information and Early Warning System)」を通して、気象衛星やその他の衛星を利用して食糧生産に影響を及ぼす状態を見守り、食糧の供給に潜在的脅威が生じた場合はそれについての警戒を政府や援助国によびかけています。

★「食糧安全保障」とは、「すべての人が活動的かつ健康的な生活を営むために必要な食事や嗜好を満たす十分で安全で栄養価に富む食事を常に実際的かつ経済的に入手できるようにすること」です。

国際農業開発基金
International Fund for
Agricultural Development: IFAD

IFADは、１日１ドル未満で生活する開発途上国の農村が貧困と飢餓と闘うために開発資金を提供します。もっとも必要としている人々に開発援助が実際に届くようにするために、IFADは、貧しい農村の男女を開発に直接参加させ、彼ら自身やその組織との共同で、自分たちの地域社会で経済的に自立する機会を作り出せるような工夫をし続けています。

三つの機関や基金は、すべて世界の飢餓を軽減するためのものです。こうした三つのしくみはなぜ生まれ、どうつながっているのでしょうか。
三つのマークには穀物が描かれているという共通点があります。数ある食糧のなかで、穀物がマークに用いられたのは、なぜでしょう。「穀物」と「世界の飢餓」は、どのように関係しているのだと思いますか？

あらゆる年齢のすべての人々の健康的な生活を確保し、福祉を推進する

（資料提供　国連広報センター）

健康に生活できるかそうでないかについては、国によって、人によって大きな差異があります。そして、その差異が生まれる背景は実にさまざまです。

たとえば、貧しい国では5歳未満の子どもの死亡率が、豊かな国の2倍近いというデータがあります。死亡理由の多くは、栄養不良やきれいな水の不足で、その背景には国としての経済的な貧しさがあります。一方、薬物の乱用やアルコールへの依存、交通事故による死傷者の増加は、国の貧しさだけが問題の背景だとはいえません。また、ワクチンがあり治療法もわかっているのに、対策が不十分なために根絶できない感染症があります。一方で、不健康な食生活や生活習慣、精神的なストレスが原因となっている、治療法がわかっていない病気も存在します。

あらゆる生命には寿命があり、命あるものはいつか死にいたります。人間も、命あるものの仲間です。どんなに医学が進歩しても、人が不死を手に入れることはできないでしょう。しかし、健康に生活できる人を増やすことや、その人が健康に生活できる期間をのばすことはできます。

すべての人々が健康的な生活をおくるために、私たちにはどのようなことができるのでしょうか。

巻末にある各ゴールのターゲットと指標（160ページ）も見てね。

事実と数字

小児保健

- 1990年以来、１日当たりの子どもの死者は17,000人減少してはいるものの、毎年500万人を超える子どもが、５歳の誕生日を迎える前に命を落としています。
- 2000年以来、はしかの予防接種でほぼ1,560万人の命が救われました。
- 世界的な進歩にもかかわらず、サハラ以南アフリカと南アジアが子どもの死者数に占める割合は増大しています。５歳未満で死亡する子どもの５人に４人は、これら２地域で暮らしています。
- 貧困な家庭で生まれた子どもが５歳未満で死亡する確率は、比較的裕福な家庭で生まれた子どもの約２倍に上ります。
- 小学校しか卒業していない母親を含め、教育を受けた母親の子どもは、まったく教育を受けていない母親の子どもよりも生存する確率が高くなっています。

妊産婦保健

- 妊産婦の死者数は2000年以来、37％減少しています。
- 東アジア、北アフリカ、南アジアでは、妊産婦の死者数がほぼ３分の２減少しました。
- しかし、開発途上地域の妊産婦死亡率（出生数に対する妊産婦死者数の比率）は、依然として先進地域の14倍に上ります。
- 産前ケアを受ける女性の数が増えています。開発途上地域では、産前ケア受診率が1990年の65％から2012年の83％へと上昇しました。
- 開発途上地域では、推奨される医療を受けられる女性が全体の半分にすぎません。
- ほとんどの開発途上地域では、十代の出産件数が減少しているものの、改善のペースは鈍ってきています。2000年代には、1990年代に見られたような避妊具使用の急速な拡大が見られていません。
- より多くの女性が徐々に、家族計画の必要性を満たせるようになってきましたが、その需要は急激に拡大しています。

HIV／エイズ、マラリアその他の疾病

- 2017年の時点で、全世界のHIV感染者は3,690万人に上ります。
- 2017年の時点で、2,170万人が抗レトロウイルス療法を受けています。
- 2017年には、新たに180万人がHIVに感染しました。
- 2017年には、エイズ関連の疾病で94万人が死亡しています。
- エイズの蔓延が始まって以来、7,730万人がHIVに感染しています。
- エイズの蔓延が始まって以来、エイズ関連の疾病で3,540万人が死亡しています。
- 結核は依然として、HIV感染者の最も大きな死因となっており、エイズ関連の死者の約３人の１人を占めています。
- 全世界で、思春期の女児と若い女性はジェンダーに基づく差別や排除、差別、暴力に直面しているため、HIV感染のリスクが高まっています。
- HIVは全世界の再生産年齢の女性にとって、主な死因となっています。
- エイズはアフリカで、思春期の子ども（10〜19歳）の主な死因となっているほか、全世界で見ても、思春期の子どもの２番目に大きな死因となっています。
- 2000年から2015年にかけて、サハラ以南アフリカの５歳未満児をはじめとする620万人以上が、マラリアによる死を免れました。全世界のマラリア罹患率は37％、死亡率は58％、それぞれ低下したと見られています。

目標３について、日本の課題と、あなたの身近な課題を調べてみましょう。

目標3を読み解く手がかり

世界保健機構（World Health Organization、略称：WHO）

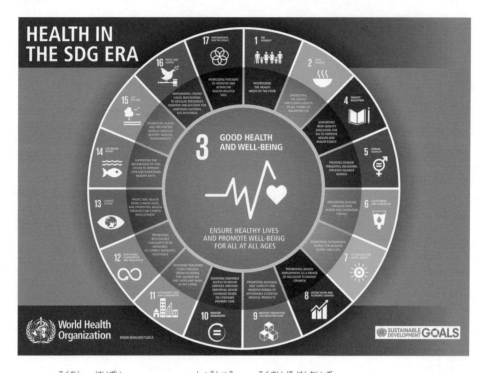

　1946年7月、国連の経済社会理事会が招集した国際保健会議において、61か国の代表が集まり、「世界保健機関憲章」が調印され、1948年4月7日に発効しました。それに伴い設立されたのが、世界保健機構です。4月7日が「世界保健デー」とされているのはここに理由があります。世界保健機関憲章では、健康を基本的人権の一つととらえ、「身体的、精神的、社会的に完全な良好な状態であり、たんに病気あるいは虚弱でないことではない」（WHO憲章前文）と定義しています。そのために、病気の撲滅のための研究、適正な医療・医薬品の普及を超えて、基本的人間要請 (basic human needs, BHN) の達成や健康的なライフスタイルの推進にも力を入れている国際機関です。

　SDGsの17目標が採択・発表された当初から、「HEALTH IN THE SDG ERA」を掲げ、その活動を通して、17の目標すべてに目標3「すべての人に健康と福祉を」の達成が関連していることを示す図を発表しました。図は三層の円で成り立ち、その中心にWHOが中心的に担う目標3を配置、円の外周に残りの16の目標が置かれています。そして、その間に各目標と目標3がどのように関係するのかを言葉にして示しました。17の目標が並列的に受け止められてSDGs発表の状況において、一つの目標が他の目標といかに連動しているのかが示されていることから、

ILOの試みとともに注目を集めました。

　現在は、12の国際機関・組織とともに、多国間組織間の協 力を強化して、すべての人の健康的な生活と福祉のためのグローバル行動計画「GLOBAL ACTION PLAN」を動かしています。具体的には、 7つのプログラムに対して、「Engage → Accelerate → Align → Account →…」のサイクルでのコミットメントを各機関で行っています。

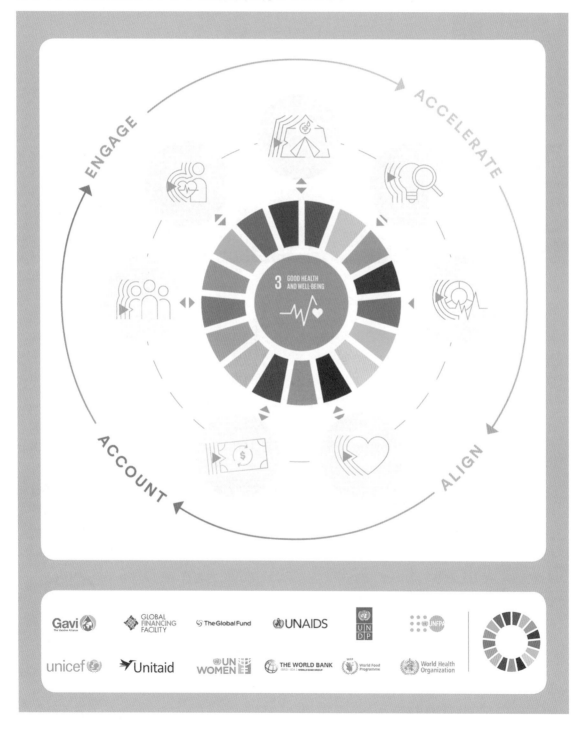

すべての人々に包摂的かつ公平で質の高い教育を提供し、生涯学習の機会を促進する

（資料提供　国連広報センター）

私たちが、自分たちの生活をよりよくしたり、持続可能な開発をふまえて未来を創ったりするために、質の高い教育は欠かせません。

2017年のデータでは、学校に通う年齢（6～15歳）に達した世界中の子どものうち、1億2300万人が学校に通えていません。2008年から2012年にかけて、低・中所得国で行われた調査によると、最貧層の世帯の子どもは最富裕層の子どもより、学校に通えない可能性が4倍以上高くなっています。また、15歳以上で読み書きができない人は、世界中で7億人以上いますが、その3分の2が女性です。

国や地域を問わず、男女を問わず、だれもが基本的な能力を身につけるための教育を受けられるようにすることは大切なことです。では、開発途上地域の子どもたちや女性たちが学校に通えるようになれば、それでいいのでしょうか。そこで目標が完結するわけではありません。

先進地域に住む私たちもふくめ、すべての人が、より高い能力を習得したり、働きがいがある職業につながる技術を身につけたりする機会を得ること、そして高等教育にすすむチャンスを得ることができれば、持続可能な開発を促進し、社会に貢献することになるからです。

そして、あらゆる人が年齢に関係なく一生学び続けること、すなわち生涯学習の機会を増やすことも、未来を創るための大きな課題です。

巻末にある各ゴールのターゲットと指標（161ページ）も見てね。

事実と数字

● 開発途上国の初等教育就学率は91%に達しましたが、まだ5,700万人の子どもが学校に通えていません。

● 学校に通えていない子どもの半数以上は、サハラ以南アフリカで暮らしています。

● 小学校就学年齢で学校に通っていない子どものおよそ50%は、紛争地域に住んでいるものと見られます。

● 全世界で6億1,700万人の若者が、基本的な算術と読み書きの能力を欠いています。

目標4について、日本の課題と、あなたの身近な課題を調べてみましょう。

目標4を読み解く手がかり

国連教育科学文化機関（UNESCO）

　国連教育科学文化機関（The United Nations Educational Scientific and Cultural Organization = UNESCO =ユネスコ）は教育の領域で国際社会を先導する国際連合の専門機関です。そのルーツは、国際連盟の下に設立された国際知的協力委員会（ICIC：International Committee on Intellectual Cooperation）です。物理学者のアインシュタインやキュリー夫人、詩人のタゴールなどが委員を務め、事務は新渡戸稲造が担当しました。その後、第二次世界大戦の勃発で、この活動は中断しました。そして第二次世界大戦後の1945年11月、イギリスとフランス両国政府の招集により、UNESCO設立のための会議がロンドンで開催され、「ユネスコ憲章」が採択されました。翌年、20ヵ国の批准によりユネスコ憲章の効力の発効をもってユネスコが誕生しました。

持続可能な開発のための教育

　2002年のヨハネスブルク・サミットにおいて日本が提案した「Education for Sustainable Development」が第57回国連総会で採択され、UNESCOは、「国連ESDの10年（2005～2014）」の主導機関に指名されました。そして、2015年からは「Global Action Programme on ESD（GAP）」を動かし、現在は、「ESD for 2030」を動かしています。

　これは、2030年までに達成すべきSDGsとも連動しています。今やSDGs4.7は、ESDの代名詞にもなっています。

TARGET　4・7

EDUCATION FOR
SUSTAINABLE
DEVELOPMENT AND
GLOBAL CITIZENSHIP

持続可能キーコンピテンシー

　2018年、世界に向けてUNESCOから『Learning to transform the world: key competencies in education for sustainable development』という文書が発信されました。そこには、「持続可能な開発のための教育における重要な能力」として、次の7つの「competency」が示されました。

　そして、それぞれの「competency」がどのようなものかが、短い英文で説明されています。それらを私たちの日常で使われている言葉に置きかえてみると、どのように表すことができるでしょうか？　たくさん置きかえられますが、ここでは次のように表現してみることにします。

システム思考ができるチカラ（System thinking competency）

　ある出来事が起こる背景にあるパターン、そしてそのパターンを生み出している構造（システム）に目を向けることで、世界を成り立たせている関係性を把握するチカラです。また、そのチカラを使って、複雑な構造（システム）を分析するチカラのことです。さらに、構造（システム）が異なる領域や規模を結びつけて考えることができるチカラです。

予測する思考ができるチカラ（Anticipatory competency）

　これから起こる出来事や望ましい未来を予測し、望ましい未来のために行動していくチカラです。具体的には、未来へのビジョンを創り出すチカラや、これから起こる危機に対して予防策を打ち出し実行するチカラ、リスクや変化に適応していくチカラです。

規範に向き合うチカラ（Normative competency）

　さまざまな関係の中でそれぞれの利害が衝突する状況や、何かを達成するために別の何かを犠牲にしなければならない状況の中で、自分自身や仲間一人ひとりの行動の根っこにある考え方や価値観を大事にしながら、持続可能性の考え方や目的・目標などを交渉し続けるチカラです。

戦略的思考ができるチカラ（Strategic competency）

　自分が生きる場所さらには地域を超えて、持続可能性を高めるための革新的な行動を、仲間と共に創り出していくことができるチカラです。

批判的思考ができるチカラ（Critical thinking competency）

　自分の中にある当たり前や他者の中にある当たり前、さらには私たちが暮らす社会の中にある当たり前に疑問を抱き、質問を創り出していくことができるチカラです。また、質問を創り出すプロセスを通して、さらなる探究を進めていくチカラです。

自己認識を深め続けるチカラ（Self-awareness competency）

　地域のコミュニティやグローバルな社会における自分の役割をふり返るチカラです。また、自分自身の行動に継続的に動機づけし続けていくチカラや、自分の気持ちや願いと向き合うチカラです。

さまざまな問題解決の枠組みを統合して問題を解決するチカラ（Integrated problem-solving competency）

　複雑な持続可能性の問題に対して、さまざまな問題解決の枠組みを使って、持続可能な開発を促進することができるチカラです。その際に、上記6つのチカラを統合していくような存続可能で包括的かつ公正な解決の選択肢を開発する全般的なチカラです。

　これら7つのチカラは、どのような関係にあるのでしょうか？　一つひとつが独立したチカラなのでしょうか？　それとも一つひとつは独立しながらも、何がしかの関係が見出せるチカラでしょうか？　さらには、その関係に一つのサイクルのような連環があるチカラなのでしょうか？　持続可能キーコンピテンシーを使いこなせるようになったとき、私たちの前にはどのような世界が現れてくるのでしょう。

ジェンダーの平等を達成し、すべての女性と女児のエンパワーメントを図る

（資料提供　国連広報センター）

もし、"女性は教育を受ける必要がない"とすべての人が考えている社会で暮らしているとしたら、たとえその女性に「学ぶ能力」があったとしても、その能力は活用されることはありません。ミレニアム開発目標（MDGs）の下で、男女が平等に初等教育を受けることをはじめとして、ジェンダーの平等と女性のエンパワーメントに向けた前進がみられたという報告があります。しかし依然として、世界各国で女性と女児は差別や暴力を受けているという事実もあります。

男性に提供されているのと同じように、女性や女児にも働きがいがある人間らしい仕事（ディーセント・ワーク）や教育や保健医療が提供されれば、女性だけでなく男性にとっても暮らしやすい世界になるといわれています。政治的・経済的な政策決定のプロセスに男性も女性も等しく参加をすることで、持続可能な経済が促進され、社会と人類全体が平和で豊かになるでしょう。ジェンダーの平等は、基本的人権であるとともに、平和で豊か、そして持続可能な世界に必要な基盤でもあるといえます。

※ジェンダーとは、社会的、心理的性別のことです。

※エンパワーメントとは、人が夢や希望を持ち、生きる力が湧きあがることです。

巻末にある各ゴールのターゲットと指標（162ページ）も見てね。

事実と数字

- 全世界で、７億5,000万人の女性と女児が18歳未満で結婚し、30カ国で少なくとも２億人の女性と女児がFGMを受けています。

- 18カ国では、妻が働くことを夫が合法的に禁止できます。39カ国では、娘と息子の相続権が平等ではありません。女性を家庭内暴力から守る法律がない国も49カ国あります。

- 15歳から49歳の女性と女児の19％を含め、女性と女児の５人に１人は、最近の12カ月以内に親密なパートナーから身体的および／または性的暴力を受けています。それでも49カ国には、女性をこのような暴力から具体的に保護する法律がありません。

- 全世界で女性の政界進出がかなり進んでいるものの、女性国会議員の割合は７％と、男女同数にはまだ程遠い状況にあります。

- 性的関係、避妊手段の使用や保健に関して、自分自身で決定を下せる既婚または事実婚状態の女性は、全体の52％にすぎません。

- 世界的に見て、女性の農地所有者は全体のわずか13％に止まっています。

- 100カ国以上が、ジェンダー平等への予算配分を追跡する行動を起こしています。

- 北アフリカの女性が、非農業部門の有給雇用に占める割合は５人に１人にも達していません。農業部門以外の有給雇用で働く女性の割合は、1990年の35％から2015年の41％へと上昇しています。

- 46カ国では現在、女性がいずれかの議院で議員数全体の30％超を占めています。

- 南アジアでは2000年以来、女児の児童婚率が40％以上低下しています。

- FGMの慣行が残る30カ国で、FGMを受けた15歳から19歳の女児の比率は、2000年の２人に１人から2017年の３人に１人へと低下しています。

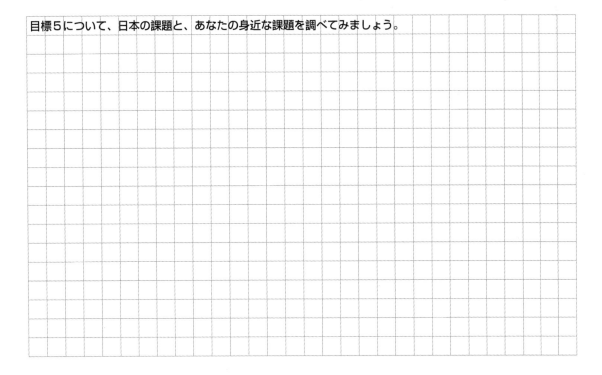

目標５について、日本の課題と、あなたの身近な課題を調べてみましょう。

目標5を読み解く手がかり

　2020年３月８日「国際女性デー（International Women's Day）」に、UN Women主宰のイベントが国連本部総会会議場で開催されました。「国際女性デー」は、1904年３月８日にアメリカのニューヨークで起こった婦人参政権を求めたデモが起源です。国連によって1975年に、３月８日『国際女性デー』と制定されました。人類社会に残る女性への差別撤廃と女性の地位を訴える日となっています。

　2020年のテーマは、「平等を目指す全ての世代：女性の権利を考えよう（仮訳）」でした。2020年は、第４回世界女性会議の北京宣言および北京行動綱領の採択25周年、SDGs５年目、女性と平和・安全保障の問題を明確に関連づけた初の安保理決議である1325号の採択20周年、そしてUN Women設立10周年と、ジェンダー平等推進運動におけるいくつもの歴史的瞬間が重なり合う年です。

　現在、ジェンダー平等を完全に達成したといえる国は、世界中でまだ一つもないといわれています。未だ、法律や文化の中には、ジェンダー平等を阻む障害が残っています。そうした中で、私たち人類がこれまでジェンダーの平等をどのように進展させてきたかを、国際社会が評価し、問い直す年として注目を集めています。

■ジェンダーの平等の実現に向けての歩み

年	国　連	日　本
1951	ＩＬＯ：一価値の労働についての男女労働者に対する同一報酬に関する条約　→日本：1992年批准	
1952	婦人の参政権に関する条約→日本：1955年条約加盟（1945年　婦人参政権は認められている）	
1957	既婚女性の国籍に関する条約　→日本未批准	
1967	女性差別撤廃宣言	
1975	第１回世界女性会議（メキシコシティ）：国際女性年世界行動計画策定 ※性別に基づいた固定的な役割ではなく、男女とも自分の個性に応じて人生を生きることが中心理念とされた	
1976〜85	国連女性の10年：平等・開発・平和をキーワードにした女性の地位向上のための取組	
1979	女性差別撤廃条約採択　→日本：1985年条約批准	
1980	第２回世界女性会議（コペンハーゲン）：1979年に採択された「女性差別撤廃条約」の署名	
1984		国籍法改正：母親の国籍に基づき、子どもに日本国籍が与えられるようになる。
1985		男女雇用機会均等法成立→1986年施行
1985	第３回世界女性会議（ナイロビ）：「女性の地位向上に向けての将来戦略」を採択	
1991		育児休業法成立→1992年施行
1993	女性に対する暴力の撤廃に関する宣言	
1994	国際人口開発会議：性と生殖に関する健康・権利が提唱される	
1995	第４回世界女性会議（北京）：女性の地位向上・ジェンダー平等の推進を目指した国際会議	
1995		育児・介護休業法施行 「家族的責任を有する男女労働者の機会及び待遇の均等に関する条約」批准
1999	女性差別撤廃条約・選択議定書採択	改正男女雇用機会均等法、男女共同参画社会基本法、第２回改正労働者派遣法施行
2000	国連女性2000年会議：1995年の世界女性会議（北京）の内容を再確認する会	
2000		男女共同参画基本計画　閣議決定
2001		ＤＶ防止法施行
2004		性同一性障害者の性別の取り扱いの特例に関する法律施行、ＤＶ防止法１次改訂
2005	世界経済フォーラムがジェンダー・ギャップ指数を初公開	
2005		第２次男女共同参画基本計画
2013		ＤＶ防止法３次改訂
2014		改正男女雇用機会均等法施行
2015		パートタイム労働法改正、「性同一性障害に関わる児童生徒に対するきめ細やかな対応の実施等について」文部科学省から通知

（資料提供　国連広報センター）

淡水は、私たちの生活に欠かすことができないものです。淡水は、さまざまな側面で私たちの生活を維持するために使われています。飲料水、生活用水（トイレ、風呂など）、農業用水、工業用水などの多数の用途で利用していますね。

2050年までに、地球に住む4人に1人以上が慢性的または反復的な水不足を抱える国で暮らすことになるという予測があります。すべての人が安全な淡水を確保できない原因には、経済の悪化、有害な化学物・物質の放出、排水処理施設などのインフラの不備などがあげられます。これらの原因によって、毎年数百万人が水不足や劣悪な衛生状態に関連する疾病で命を失っていて、しかもその大半は子どもです。

水は地球上を循環しています。ですから、山地、森林、河川、湖沼、海、空をふくむ水に関連する生態系を保護・回復させることが大切です。また、国境や地域を越えて適切な協力をして淡水の持続可能な利用を行っていくことも大切です。そして、すべての人々が水と衛生の管理向上に意識を向け、適切に利用、処理をすることも必要です。そのようにすることで、私たちが創る未来では、すべての人々が安全な水を利用できるようになっていきます。

この目標を達成するために今、あなた自身が取り組めることを探っていきましょう。

巻末にある各ゴールのターゲットと指標（163ページ）も見てね。

事実と数字

- 世界人口の10人に３人は、安全に管理された飲料水サービスを利用できず、10人の６人は、安全に管理された衛生施設を利用できません。

- ８億9,200万人以上が、今でも屋外排泄を続けています。

- 敷地内で水が得られない世帯の80%では、女性と女児が水汲みの責任を担っています。

- 1990年から2015年にかけ、世界人口のうち改良飲料水源を利用できる人々の割合は、76%から90%に上昇しました。

- 世界人口の40%以上は水不足の影響を受け、しかもこの割合は今後、さらに上昇すると予測されています。現時点で17億人以上が、水の利用量が涵養分を上回る河川流域に暮らしています。

- 40億人が、トイレや公衆便所など、基本的な衛生サービスを利用できていません。

- 人間の活動に起因する排水の80%以上は、まったく汚染除去を受けないまま河川や海に投棄されています。

- 毎日、1,000人近い子どもが予防可能な水と衛生関連の下痢症で命を落としています。

- 河川や湖沼、帯水層から取り込まれる水の約70%は、灌漑に用いられています。

- 洪水その他の水関連災害は、自然災害による死者全体の70%を占めています。

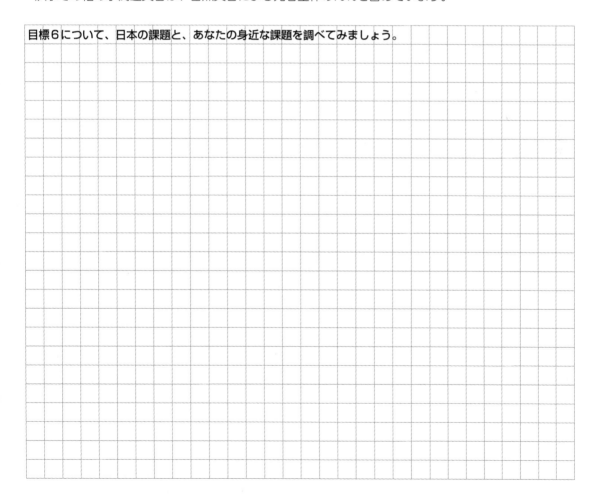

目標６について、日本の課題と、あなたの身近な課題を調べてみましょう。

目標6を読み解く手がかり

国際行動の10年「持続可能な開発のための水」

　水の危機の問題は、「世界経済フォーラム」でも上位にランキングされる問題です。そして、気候変動、生物多様性など、その他の地球規模で発生している問題とも密に影響し合うとされています。ですから、水の危機の問題解決に向けては、地球規模で協働し、効果的に対応しないと、破壊的な地球規模の影響が生じるとされています。

　そうした中で国連総会は、2018年3月22日「世界水の日」から「水の国際行動の10年（Water Action Decade）」（正式名称は国際行動の10年「持続可能な開発のための水」／International Decade for Action "Water for Sustainable Development"）をスタートさせています。

　「水の国際行動の10年」は、「2030アジェンダ」とその17の「持続可能な開発目標（SDGs）」を指針としています。水と衛生に関するSDGsの目標6「すべての人々の水と衛生の利用可能性と持続可能な管理を確保する」の達成は、他のすべてのSDGsの達成にも影響を与えます。たとえば、目標3「あらゆる年齢のすべての人々の健康的な生活を確保し、福祉を推進する」には、きれいな水が欠かせません。また、目標4「すべての人々への、包摂的かつ公平な質の高い教育を提供し、生涯学習の機会を促進する」からは水の持続可能性に関する教育が発信されるでしょう。さらに考えていくと、飢餓や貧困、食糧生産や都市生活など、他の目標との関係も見つけられます。

　この「水の国際行動の10年」は、2015年に終了した国際行動の10年「命のための水」に続く、「第三次水の国際行動の10年」となります。「水の国際行動の10年」の始まりは1981年で、1990年までの10年の間にすべての人がきれいな飲料水と衛生施設にアクセスできるよう支援することを目指しました。

　今、2030年を前に、水と水関連問題に関する国際的コミットメントを実現するための取り組みを促進させ、さらにはSDGsを達成することが期待されています。

世界水フォーラム

　2018年、第8回世界水フォーラム（World Water Forum）がブラジルのブラジリアで開催されました（南米初の開催）。世界水フォーラムは、水に関する世界最大級の国際会議です。水に関わる政府機関、国際機関、企業、学識者、NGOなどが一堂に会し、世界で深刻化する水問題について、政策的な議論や展示などが行われます。第8回の主要テーマは「水の共有（Sharing Water）」で、気候変動や生物多様性、衛生、都市生活など9つのテーマ、32のトピックに沿って132のセッションが、政治プロセス、テーマ別プロセス、地域プロセス、ハイレベルパネルなどで議論が行われました。そして、世界の水問題解決のための閣僚声明が採択されました。次回は2021年、セネガルのダカールで開催されます（アフリカ初の開催）。

水不足が世界の形を変える21世紀

　2020年8月、レスター・ブラウン『カウントダウン 世界の水が消える時代へ』（海象社）が発刊されました。世界各地で進む砂漠化、それに伴い生まれる水移民。水不足で大地が干上がったことによる耕作放棄。人口増加によって増える水利用に対処するための地下水の利用による地下水位の減少や水源である川の水の水位の低下など。これまで局地的であった水不足の問題は、地球規模に拡大し、21世紀は、水不足をめぐって世界の形が大きく変わる世紀になるとの警告を発しています。そして、世界の水問題は食糧問題へと直結していくといます。

　「蛇口をひねれば水が出る」のが、日本に住む私たちの日常です。

　その水はどこから来て、どこを通って、どこに行くのでしょうか？　汚れた水がそのまま川や海に流れ出たら…？　未来の地球はどのようになっていくのでしょうか？

　「地球は青かった」は、1961年に人類として初めて宇宙空間から地球を見たときのガガーリンの言葉です。宇宙から見た地球は、豊かな水によって青く見えたのです。「豊かな水の惑星」における水にまつわる深刻な問題に、私たちはどのように向き合っていくことができるでしょうか？

7 すべての人々に手ごろで信頼でき、持続可能かつ近代的なエネルギーへのアクセスを確保する

7 AFFORDABLE AND CLEAN ENERGY

7 エネルギーをみんなに そしてクリーンに

（資料提供　国連広報センター）

私たちの生活は、エネルギーに支えられています。熱を出す、光る、動く、音を出す、みんなエネルギーが必要です。エネルギーがなければ、工場で働くことも、いろいろな場所に素早く移動することも、畑でできた作物を刈り取り、運ぶこともむずかしくなります。すべての人々が豊かに生活するためには、エネルギーが大量に必要となるでしょう。しかし、多くの場合エネルギーを大量につくることは、二酸化炭素を大量に発生させることにもつながり、温暖化などの気候変動にも影響をおよぼします。

世界中のどの場所にいてもエネルギーを使える状態にするためには、エネルギーを生み出す原料の値段が安い必要があります。一つの原料だけを使ってエネルギーをつくると、その原料の値段が高くなっていきます。ですから、いろいろな方法でエネルギーをつくる必要があるでしょう。地球の環境に与える影響が少ないエネルギーの作り方を開発する必要があります。また、効率のよいエネルギーの作り方も必要となるでしょう。

新しい効率のよいエネルギーの作り方を開発するためには、たくさんのお金が必要となるかもしれません。すると、エネルギーを生み出す原料の値段が高くなります。

どのようにすれば、値段が安く、地球の環境に与える影響が少ないエネルギーを世界のさまざまな場所に住む人々が使えるようになるでしょうか。

巻末にある各ゴールのターゲットと指標（163ページ）も見てね。

事実と数字

- 世界人口の13%は、依然として現代的電力を利用できません。

- 30億人が薪、石炭、木炭、または動物の排せつ物を調理や暖房に用いています。

- エネルギーは気候変動を助長する最大の要素であり、全世界の温室効果ガス排出量の約60%を占めています。

- 世帯エネルギーとしての可燃燃料使用による屋内空気汚染により、2012年には430万人が命を失っていますが、女性と女児はその10人に6人を占めています。

- 2015年、最終エネルギー消費に再生可能エネルギーが占める割合は17.5%に達しました。

目標7について、日本の課題と、あなたの身近な課題を調べてみましょう。

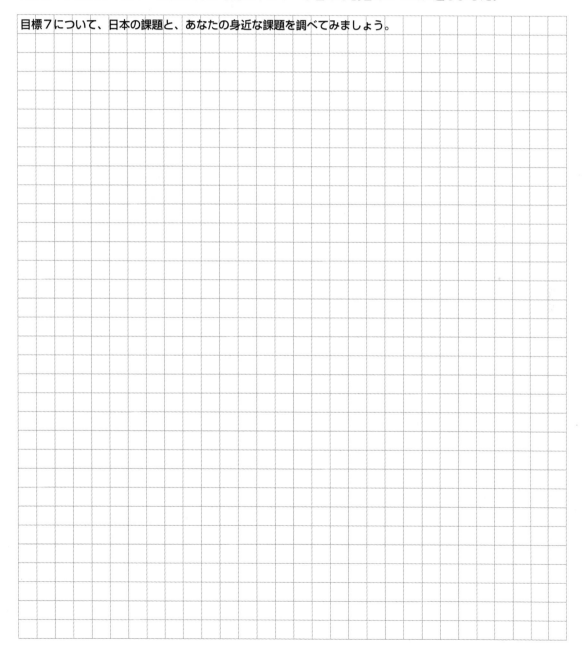

目標7を読み解く手がかり

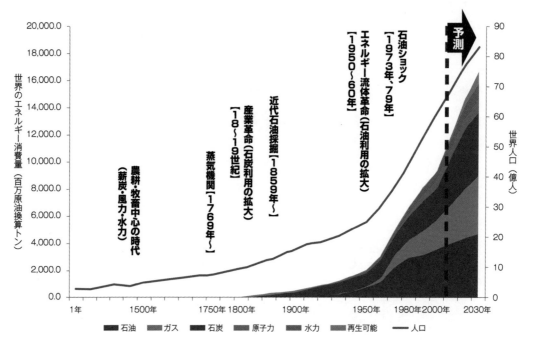

(出典)
United Nations,"The World at Six Billion"
United Nations,"World Population Prospects 2010 Revision"
Energy Transitions: History, Requirements, Prospects
BP Statistical Review of World Energy June 2012
BP Energy Outlook 2030: January 2013

　地球に住む私たちは、日々さまざまなエネルギーを利用して暮らしています。
　私たち人類が初めて手にしたエネルギーは火であると考えられています。ギリシャ神話の中では、神プロメテウスが天界の火をぬすんで、人に文明を築かせたと伝えられています。いかにして人類が火を得たのかは定かではありませんが、エネルギーとして火を使えるようになったことで、人類は新しい段階へと踏み出したといえます。やがて、科学・技術の進歩により、使うエネルギーの種類と量は、しだいに増えていきます。そして、エネルギー源としての石油の活用が始まった20世紀以降、エネルギーの使用量は飛躍的に増加します。石油の活用は、地球環境問題をはじめ、多くの不平等を生み出していくことになります。そして現在、限りある地球資源と広がる格差をエネルギーという点からどう向き合っていくかが大きなテーマとなっています。

　2002年には、ヨハネスブルク・サミット（持続可能な開発に関する世界サミット）で、ＷＥＨＡＢと覚える５つの主要分野（Water／水、Energy／エネルギー、Health／健康、Agriculture／農業、Biodiversity／生物多様性）についての議論が交わされました。当時の国連事務総長コフィー・Ａ・アナンは、「『ＷＥＨＡＢ』とは、『We inhabit the earth（私たちは地球に住む）』の略だとも考えられます。あるいは『We must rehabilitate our one and only planet（私たちはこのかけがえのない地球を再生させなければならない）』の略だと考えてもいいでしょう」と述べました。そして、「５つの分野で前進することができれば、自分たちが生きている間だけではなく、子どもや孫たちも享受できるような繁栄を実現するチャンスが生まれるでしょう」とも述べています。「ＷＥＨＡＢ」を改めてみると、５つの主要分野の全てがSDGsの目標として取り出されていることに気づきます。

　こうした流れの中で、エネルギー分野において国際的な活動を行う機関がなかったことも明らかになります。そして、2004年に誕生したのが「国連エネルギー（UN－Energy）です。参加メンバーは次の通りで、かなり有名な国際組織が名前を連ねています。

食糧農業機関、国際原子力機関、地球環境ファシリティ、
国連国際女性研修機関、貿易と開発に関する国連会議、国連経済社会局、
国連開発計画、国連アジア太平洋経済社会委員会、
国連西アジア経済社会委員会、国連アフリカ経済委員会
国連ヨーロッパ経済委員会、
ラテンアメリカとカリブ海のための国連経済委員会
国連教育科学文化機関、国連環境計画、気候変動に関する国連枠組み条約
国連人間居住プログラム、国連工業開発機関、国連システム CEO事務局
世界銀行グループ、世界保健機構、世界気象機関　など

　国連システム内やさまざまな国際組織間、国家間におけるエネルギー分野の持続可能な開発に向けて取り組みをサポートすることが期待されています。しかし、その活動は組織間コミュニケーションにおける壁と溝に阻まれ、期待以上の活動は、まだみられていません。

　人類の進化の歴史、未来の持続可能な開発において、私たちの暮らしと切り離すことのできない問題であるだけに、どのようなコミュニケーションを私たちが学んでいけばいいのか。エネルギーの視点からも考える価値がありそうです。未来に向けて、"今"できるのはどのようなことでしょうか。

（資料提供　国連広報センター）

ディーセント・ワークとは「働きがいのある人間らしい仕事」という意味です。仕事があっても貧困から脱出することができない、仕事があっても人としての尊厳を失いかねないきびしい状況にあるという問題は、開発途上国にも先進国にも共通して存在する問題です。ディーセント・ワークを推進するためには、雇用を創出することはもちろん、経済や社会のしくみそのものを見直し、改革する必要がありそうです。

持続可能な経済成長を実現するためには、世界中のすべての人々が経済の活性化につながるような働き方をする必要があります。このとき、経済が活性化しさえすればよいという論理でものごとをとらえてはなりません。目先の経済発展を優先して自然環境を破壊してしまったら、持続可能な成長はありえません。これは多くの先進国が経験し、失敗から学んできたことです。また、経済的な効率のよさが、一部の人たちが劣悪な労働環境に耐えることによって支えられているのであれば、それはやがて大きなひずみや格差につながり、持続可能な社会をつくることにはつながりません。途上国では強制労働や人身取引、児童労働の問題も深刻です。こうした労働を根絶するための、緊急で効果的な取り組みが求められています。

巻末にある各ゴールのターゲットと指標（163ページ）も見てね。

事実と数字

- 全世界の失業率は2017年に5.6%と、2000年の6.4%から低下しています。

- 2016年の時点で、全世界の労働者の61%がインフォーマル・セクターで雇用されています。農業部門を除けば、労働者の51%がこの雇用類型に当てはまります。

- データが入手できる45カ国中40カ国で、男性の賃金は女性を12.5%上回っています。

- 全世界的な男女の賃金格差は23%であり、決定的な対策を取らなければ、賃金平等の達成にはさらに68年を要する計算になります。男性の就労率94%に対し、女性の就労率は63%に止まっています。

- 女性の社会進出は進んでいるものの、女性による無償の育児・家事労働は依然として男性の2.6倍に当たります。

- 2016年から2030年にかけ、全世界で新たに労働市場に参入する4億7,000万人に雇用を提供する必要があります。

目標8について、日本の課題と、あなたの身近な課題を調べてみましょう。

目標8を読み解く手がかり

　1919年、第一次世界大戦を終結させたベルサイユ条約によって国際連盟と共に創設されたのが、国際労働機関(ILO)です。「世界の永続する平和は、社会正義を基礎としてのみ確立することができる」という信念を実現するために、政府、使用者、労働者の代表が一堂に結集した執行機関を設けて活動をはじめます。その後、第二次世界大戦が起こりました。ILOはその中で活動を継続し、第二次大戦後の1946年に、新たに設立された国際連合において最初の専門機関となり、その活動が継続しています。現代社会において、政府、使用者、労働者の三者が一堂に集い運営される国際組織としては唯一の存在です。そして、現在では創設以来100年を超える年月が過ぎており、最も古い国際機関となっています。また、創設50年の1969年にはノーベル平和賞を受賞しています。受賞の理由は、「ジュネーブのILO本部の礎石の下にある文書には、Si vis pacem, cole justitiam(平和を望むなら、正義を培え)と記され、その根本的な道徳的理念を行動に転化することに成功した組織であることが評価されたからです。

　現在のILOは、「Decent Work for All(すべての人にディーセント・ワークを)」の実現を目指し、SDGsの目標8を中心にSDGs全体の達成のために活動しています。具体的には、次の5つの旗艦プログラムを定めています。

1　児童労働・強制労働撤廃国際計画
2　労働安全衛生・グローバル予防行動計画
3　平和と強靭性のための雇用促進計画
4　社会的保護の土台計画
5　より良い仕事計画

次のアイコンでしめされた目標や、そのなかのターゲットは、ILOの活動と関連すると位置付けられています。

| 1.1 1.2 1.3
1.4 1.5 1.b | 2.3 2.4 | 3.3 3.8 3.9 | 4.4 4.5 4.b
4.c | 5.1 5.2 5.4
5.5 5.a 5.c | 6.3 | 7.1 7.2 7.b | |

「Decent Work for All（すべての人にディーセント・ワークを）」

　ディーセント・ワークとは、「働きがいのある人間らしい仕事」のことです。ILOは「Decent Work for All（すべての人にディーセント・ワークを）」の実現を目指して活動を展開しています。

　1999年の第87回ILO総会に提出されたファン・ソマビア事務局長の報告において、「Decent Work」という考え方が初めて用いられ、ILOの活動の主目標と位置づけられました。「Decent Work for All（すべての人にディーセント・ワークを）」は、21世紀におけるILOの活動を最も短く表現した概念といわれています。そして、具体的な活動としては、1999年の第87回ILO総会事務局長報告と2008年の第97回総会において採択された「公正なグローバル化のための社会正義に関するILO宣言」の中で、ディーセント・ワーク実現のための、次の4つの戦略目標が掲げられています。

1　仕事の創出
2　社会的保護の拡充
3　社会対話の推進
4　仕事における権利の保障

　そして、いずれの戦略目標においても、ジェンダー平等は横断的目標として、全ての戦略目標に関わっているとされています。

　日本における「Decent Work for All（すべての人にディーセント・ワークを）」の訳語は、日本の政府・労働者・使用者の三者の間の協議により、内容をよりわかりやすく具体的に表す訳語を用いようという考えから、「人間らしい働きがいのある仕事」と訳されています。

あなたはこれらの目標やそのターゲットと、ILOの活動との間に、どのような関連を見出しますか？

9.1　9.2　9.3

10.1　10.2　10.3
10.4　10.5　10.6
10.7　10.c

11.1　11.2　11.c

12.1　12.4　12.6
12.a　12.b

13.1

14.4　14.6　14.7

15.b

16.2　16.3　16.6
16.7　16.8　16.10
16.a　16.b

17.9　17.13　17.14
17.17　17.18

目標 9

レジリエントなインフラを整備し、包摂的で持続可能な産業化を推進するとともに、イノベーションの拡大を図る

（資料提供　国連広報センター）

農地に水を供 給するしくみがある、人やものを輸送する手段が整っている、電気・ガスなどのエネルギーが使える、必要なときに必要な情 報にアクセスできる。このようにインフラが整備されることは、その国や地域の産 業化、経済発展に欠かせません。そして、そこに住む人々の生活水 準を向上させることとも密接につながっています。

産 業化という視点で見ると、2015年の時点で、後発開発途上 国(LDCs)における1人当たりの製造業付加価値は、1年間で100ドルに満たないのに対し、先進地域では5000ドル近くにも達しています。LDCsの国々が、先進地域が過去におかした環 境破壊などの過ちをくり返すことなく、持続可能な産 業化を実現するためには、先進地域がつちかってきた技術面の支援が有効です。先進地域もまた、さらなるイノベーション(技術 革新)を促進させ、資源を効率的に利用すること、さまざまな場面で省エネルギーを実現することを実行していかなければなりません。

情 報通信インフラに関しては、第3世代(3G)のモバイルブロードバンドは、2015年の時点で都市人口の89%に普及していますが、農村部での普及 率は29%にすぎません。ITを利用したり使いこなしたりできる人と、そうでない人の間に生じる格差をせばめるために、どのようなことができるでしょうか。

巻末にある各ゴールのターゲットと指標(164ページ)も見てね。

事実と数字

- 多くの開発途上国では依然として、道路や情報通信技術、衛生施設、電力、水道といった基礎インフラが整備されていません。

- 世界人口の16%は、携帯ブロードバンド・ネットワークにアクセスできません。

- 低所得国をはじめ、多くのアフリカ諸国では、インフラの未整備により、企業の生産性が約40%損なわれています。

- 全世界の製造業の付加価値がGDPに占める割合は、アジアの製造業の急速な成長に伴い、2005年の15.2%から2017年の16.3%へと増えています。

- 産業化による雇用乗数効果は、社会に好影響を与えます。製造業で雇用が1件増えれば、他の部門で2.2件の雇用が生まれるからです。

- 生産加工と製造に携わる中小・中堅企業は、産業化の初期段階で最も欠かせない存在であり、最も多くの雇用を生み出すのが普通です。こうした企業は、数にして全世界の企業の90%以上を占め、雇用の50〜60%を創出しているからです。

- 後発開発途上国には、食料・飲料（農産業）と繊維・衣料産業の分野で巨大な潜在能力があり、持続的な雇用創出と生産性向上を達成できる見込みも十分にあります。

- 中所得国は、基礎・組立金属産業への参入で利益を得られます。幅広い製品で、国際的な需要が急成長しているからです。

- 開発途上国の国内で加工される農産物は、わずか30%にすぎません。高所得国では98%が加工されます。このことは、開発途上国に大きなアグリビジネスの機会があることを示しています。

目標9について、日本の課題と、あなたの身近な課題を調べてみましょう。

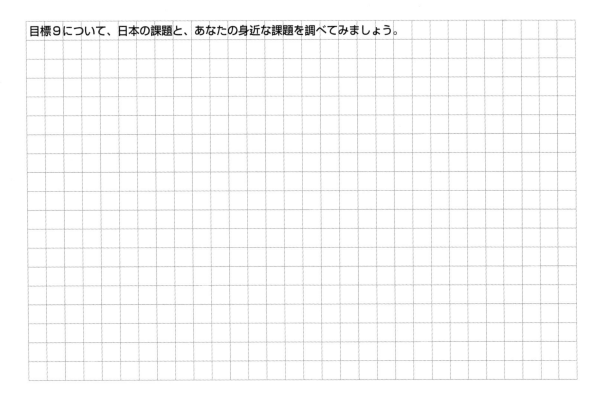

目標9を読み解く手がかり

目標9の理解をすすめていくために、SDGsとMDGsを比較してみましょう。MDGsは、8つの目標、21のターゲットで成り立っていました。それがSDGsにおいては、17のゴール、169のターゲットになりました。それらの関係は、次のように整理できるといわれています。

MDGs	SDGs
目標1 貧困と飢餓の撲滅 (3)	目標1 貧困根絶 (7)
目標2 初等教育の完全普及 (1)	目標2 飢餓撲滅 (8)
目標3 ジェンダー平等と女性の地位向上 (1)	目標3 健康と福祉 (13)
目標4 乳幼児死亡率の削減 (1)	目標4 質の高い教育 (10)
目標5 妊産婦の健康の改善 (2)	目標5 ジェンダー平等 (9)
目標6 HIV／エイズ、結核、感染症蔓延防止 (3)	目標6 水と衛生 (8)
目標7 環境の持続可能性 (4)	目標7 クリーンエネルギー (5)
目標8 パートナーシップ (6)	目標8 適切な雇用・経済成長 (12)
	目標9 産業、技術革新、社会基盤 (8)
	目標10 格差是正 (10)
	目標11 持続可能な都市・コミュニティ (10)
	目標12 責任ある生産と消費 (11)
	目標13 気候変動への対応 (5)
	目標14 海洋資源の保全 (10)
	目標15 陸域生態系の保全 (12)
	目標16 平和、法の正義、有効な制度 (12)
	目標17 パートナーシップ (19)

注意：カッコ内の数値はターゲット数
　　　矢印（→）はMDGsの目標とSDGsの目標の関連性を示したもの
　　　SDGsの中で網掛けされた目標は、MDGsに対応するものがない目標　　　（出所：国連資料を基に富士通総研作成）

　MDGsをみると、一つひとつの目標が明確かつ簡潔に表現されていたので、理解しやすい構造でした。その一方で具体的であり、いずれも重要かつ緊急な課題で、実際に行動を起こすときには優先順位を定めることが難しく、そのため、一つの目標だけに力を入れるとか、目標に向けて大きく動くことがやりにくい状況を招いたという意見があります。

　その点でいえば、MDGsより複雑化したようにみえるSDGsは、よくよくみると次のような構造でとらえることができるとする見方もあります。

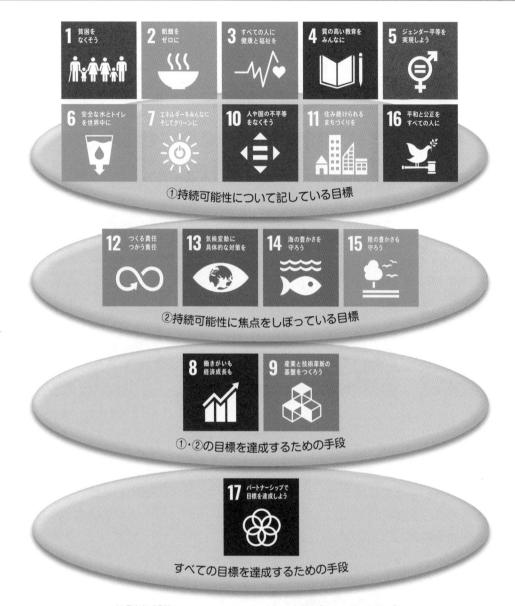

①持続可能性について記している目標

②持続可能性に焦点をしぼっている目標

①・②の目標を達成するための手段

すべての目標を達成するための手段

　17のゴールのうち、持続可能性について記している目標は10個（目標１、２、３、４、５、６、７、10、11、16）です。また、持続可能性に焦点をしぼっている目標が４個（目標12、13、14、15）です。そして、それらの目標を達成するための手段ともいえる目標が３個（目標８、９、17）です。特にこの手段としての３つの目標のうち、目標８、９は経済成長と開発の達成方法に明確に関連し、目標17はすべての目標を達成するための手段ともいえます。

　他にも17のゴールの構造は、いろいろなとらえ方ができそうです。みなさんは、MDGsとSDGsの目標やターゲットを見比べたとき、どのような関係を発見できますか？　また、SDGsの目標とターゲットの相互関係に目を向けたとき、それぞれのつながりや矛盾はどのようになっていくと分析しますか？

10 国内および国家間の不平等を是正する

（資料提供　国連広報センター）

国家間の経済的な格差は、現在、小さくなる傾向にあります。貧困問題がとくに深刻なのは、後発開発途上国、内陸開発途上国、小島嶼開発途上国といった国々ですが、こうした地域でも貧困率は少しずつ下がってきています。しかし、不平等が解消されているわけではありません。保健や教育、その他のサービスを受けられる機会という点では、まだまだ大きな格差が残っています。

国家間の経済的な格差が小さくなる一方で、各国の国内では不平等が拡大している現状があります。国によって、不平等の中身はことなりますが、拡大しているという状況は共通しています。たとえば、日本では、少子化で子どもの数が減少しているにもかかわらず、生活保護費以下の収入で暮らす子育て世帯が過去20年で2.5倍になったことが2020年に新聞で報道されました。また、2014年の調査で所得格差を示す「ジニ係数」が過去最大になったことも発表されました。ある一部の産業や分野にのみ関係する経済が成長している場合、貧困は解消されず、格差が広がる傾向になるようです。

また、所得の不平等だけでなく、性別、年齢、障害、人種、民族、宗教などに基づく不平等もあります。これらの不平等をどのように解消していくかも、私たちにとっての大きな課題です。

どうすれば、このような不平等を解消していくことができるでしょうか。

巻末にある各ゴールのターゲットと指標（165ページ）も見てね。

事実と数字

- 2016年の時点で、後発開発途上国から世界市場への輸出品のうち、64.4％に対する関税がゼロとなっています が、この割合は2010年以来、20％増大しています。
- 20％の最貧層世帯の子どもは依然として、20％の最富裕層の子どもに比べ、5歳の誕生日を迎える前に死亡する確率が3倍も高くなっています。
- 社会保障は全世界で大幅に拡大しているものの、障害を持つ人々が極めて高額な医療費を支払わねばならない可能性は、平均の5倍にも上っています。
- 開発途上国の大部分で、妊産婦の死亡率は全体として低下しているものの、農村部の女性は依然として、都市部の女性に比べ、出産中に死亡する確率が3倍も高くなっています。
- 所得の不平等の中には、男女間を含む世帯内の不平等に起因するものが30％に及びます。女性は男性に比し、平均所得の50％未満で暮らす可能性も高くなっています。

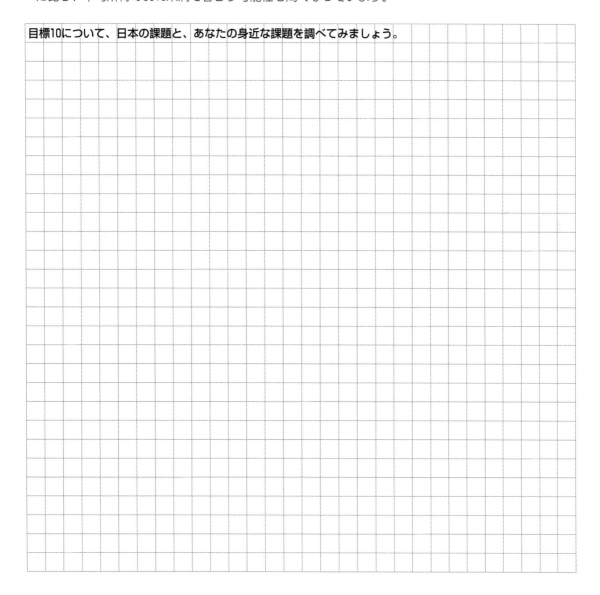

目標10について、日本の課題と、あなたの身近な課題を調べてみましょう。

目標10を読み解く手がかり

2020年1月、スイスで開催された世界経済フォーラム（World Economic Forum、WEF）年次会議（ダボス会議）が開かれるのを前に、国際非政府組織（NGO）オックスファムが報告書を出しました。そこには次のことが書かれており、多くのメディアが取り上げました。

WORLD ECONOMIC FORUM

- 2153人の億万長者が2019年に独占した資産は、最貧困層46億人が持つ資産を上回った。
- 世界で最も裕福な１％の人たちは、その他の69億人が持つ富の合計の２倍以上の富を持っている。
- 世界で最も裕福な22人の男性の富の合計は、アフリカのすべての女性が持つ富よりも大きい。
- 世界の女性による毎日の労働のうち、無報酬、あるいは正当に評価されない労働の総時間は125億時間に上ると推計した。
- 女性の無報酬労働による世界の国内総生産（GDP）に対する年間押し上げ効果は10兆8000億ドル以上で、IT業界の３倍以上だとした。
- 最も裕福な１％の人たちの富に今後10年間で0.5%追加課税するだけで、教育、医療、高齢者介護などの分野で１億1700万人の雇用を創設するのに必要な投資額と同じになる。

WEFのルーツは、世界が冷戦で分断され、世界経済が石油危機に直面していく1970年代初頭、一人のドイツ人、クラウス・シュワブ教授のある構想から始まります。それは「ステークホルダー理論」に基づいた「ステークホルダー資本主義」です。そして、1971年2月、スイスのダボスにて「ヨーロッパ経営フォーラム」を開催したのです。その後、ベルリンの壁崩壊や世界経済のグローバル化、気候変動など、世界史に残る重大な出来事を検討し、議論を展開してきました。また、ギリシャとトルコ間の戦争の回避、アパルトヘイトの終結などにも影響を与えてきました。さらには「ワクチンと予防接種のためのグローバル同盟（GAVIアライアンス）」や、環境活動家たちのためのプラットホームを作り上げてきました。その間には、「無駄なおしゃべりの場」などという批判を受けることもありましたが、WEFという「おしゃべりの場」が世界の未来を創ってきたことも事実です。スイスのダボスで開催される年次総会「ダボス会議」が特によく知られ、約2500名の選ばれた知識人やジャーナリスト、多国籍企業経営者や国際的な政治指導者などのトップリーダーが一堂に会し、健康や環境等を含めた世界が直面する重大な問題について議論する場となっています。

　私たちは日常生活の中に、どんな質の「おしゃべりの場」を創りだしているでしょうか。その「おしゃべりの場」が、私たちの暮らしの未来をつむぐ時間となっているのかもしれません。

　国際非政府組織(NGO)オックスファムの活動は、1942年、ナチス軍による攻撃で窮地に陥っていたギリシア市民に、オックスフォード市民5人が、食糧や古着を送ったことに始まります。最初、「オックスフォード飢饉救済委員会(Oxford Committee for Famine Relief)」という名で活動をはじめ、その後、オックスファム(Oxfam)と名称を改めます。1948年にはオックスフォードではじめて、オックスファムのチャリティーショップが開かれ、市民レベルでの活動を開始しました。そして、第二次世界大戦後のヨーロッパの戦後復興や植民地独立への難民支援、さらには自然災害に対する緊急支援などを行うようになっていきました。1990年代以降、国境や地域に関わりなく、地球規模でその活動を広げ、「オックスファム・インターナショナル」として、世界各地のNGOの連合体として生まれ変わり、活動しています。

　「オックスファム報告書」の発表は、「ダボス会議」の開催のタイミングをねらって発表されたとみることができます。オックスファムは、なぜ、WEF年次会議が開かれる直前に報告書を出したのでしょうか？　報告書をまとめて出すということを超えて、どのような社会的なインパクトをねらったのでしょうか？

　国際社会の動向を読み進めながら、どのタイミングでどんな情報を発信していくかは、未来の流れを創っていくときに大切な戦術の一つだといわれます。2020年のダボス会議のテーマは、"Stakeholders for a Cohesive and Sustainable World（「共同・共生を基盤とし、持続可能な世界を形づくるステークホルダー」)でした。オックスファム報告書が伝えた内容は、2020年のダボス会議にどのような影響を与えたのでしょう。

　ちなみに、2021年のダボス会議のテーマは、「グレート・リセット」として、政府、企業、市民社会のグローバル・リーダーと世界中のステークホルダーが、対面とバーチャルの両方で対話を行うユニークな環境で集結するといいます。COVID-19のパンデミックによる世界情勢の混乱を経て、テーマや開催の形式が見直され、資本主義の新しい時代を切り開くための会議として位置付けられています。

　COVID-19によって引き起こされたパンデミックは、SDGsの達成を目指す国際社会において、追い風となるのか？　向かい風となるのか？　未だその答えは得られていませんが、何かの大きなインパクトを世界中に与えたということは確かです。

都市と人間の居住地を包摂的、安全、レジリエントかつ持続可能にする

（資料提供　国連広報センター）

都市は、経済面、文化面など、多くの物事の中心地となっています。一方、都市でよく見られる課題としては、過密、基本的サービスを提供するための資金の不足、適切な住居の不足、さまざまな設備の老朽化等があげられます。また、都市によっては大気汚染をはじめとする環境に対する悪影響が出ているところもあります。

このように、土地や資源に負担をかけ過ぎないような形で都市を維持していくためには、多くの課題が残っています。

私たちが望む未来には、基本的サービスやエネルギー、住宅、輸送その他多くのもののしくみや設備を整え、そこに住む人全員に提供できる都市がふくまれます。また、災害に強く、そこに住む人全員にとって安全で、住みやすい都市にしていくことが求められています。

そのような持続可能な都市をつくっていくために、私たち一人ひとりはどのようなことができるでしょうか。

巻末にある各ゴールのターゲットと指標（165ページ）も見てね。

事実と数字

● 現在、世界人口の半数に当たる35億人が都市で暮らしていますが、2030年までに都市住民は50億人に達するものと予測されます。

● 今後数十年間の都市膨張の95%は、開発途上地域で起きると見られます。

● 現在、スラム住民は8億8,300万人に上りますが、そのほとんどは東アジアと東南アジアで暮らしています。

● 面積にして地球の陸地部分のわずか3%にすぎない都市は、エネルギー消費の60〜80%、炭素排出量の75%を占めています。

● 急速な都市化は、真水供給や下水、生活環境、公衆衛生に圧力を加えています。

● 2016年の時点で、都市住民の90%は安全でない空気を吸っており、大気汚染による死者は420万人に上っています。全世界の都市人口の過半数は、安全基準の2.5倍以上に相当する水準の大気汚染にさらされています。

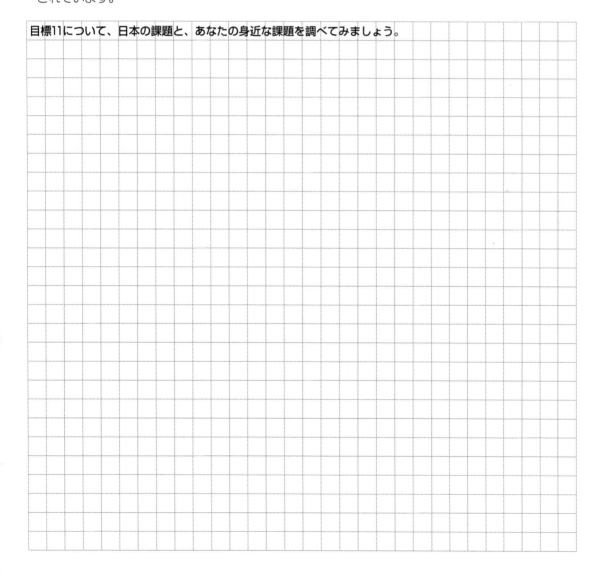

目標11について、日本の課題と、あなたの身近な課題を調べてみましょう。

目標11を読み解く手がかり

　目標11は、「都市」に関する目標です。SDGsの他の目標とターゲットの実施については、最終的に各国家や各地域にゆだねられているのに対して、目標11は私たちが直接参加かつ挑戦していくことが可能な規模に限定された唯一の目標であるという見方があります。

　現在、世界人口の半分強は都市部居住者です。今後、居住者が1000万人を超えるメガシティの数も増えると予想されています。そして、今世紀の半ばまでに、都市部居住者はさらに25億人増えて66%に達する見込みです。

　地球上の人口増加は都市部で起こっているという見方があります。ほとんどの都市部居住者は、メガシティよりも小さなセカンダリーシティに住んでいて、人口増加のほとんどはセカンダリーシティで生じるといわれています。ある推定によれば、2030年のインドの都市の70〜80パーセントは未建設だというのです。つまり、これは都市の建造物の多くがまだ建設されていないということを意味しています。

　また、多くの都市におけるインフラ（水道や道路、電力網など）の寿命が10数年程度だということをふまえると、既存の都市が持続可能な都市づくりへと都市計画の舵を切る大きなきっかけは、これからもたびたびおとずれるともいえます。

　過去の延長線上の思考にしばられることなく、持続可能性をコンセプトとした都市を都市部居住者の手でつくっていくことが可能になるかもしれません。地球上に住む多くの人々がSDGsへの興味関心を高めることは、目標11の実現に向けて大きな一歩をふみ出すことでもあります。

　産業革命以降、都市は地球規模の諸問題の根源である、という意見があります。たとえば、私たちは都市での電力を得るために、山間部にダムを築いたり、地方の平野部に原子力発電所を築いたりしています。また、都市での私たちの生活から出るゴミを海浜部に持ち込み海を埋め立てたり、山間部に持ち込み処分という名目で投棄したりしています。さらには、都市部に住む人々の食のために発展途上の地域において大規模な単一農業が行われています。その意味で、都市は、都市の境界をはるかに越えて、地球の持続可能性にマイナスの足跡を残す側面もあります。

　こうしたさまざまな問題を抱えている都市に目を向け、それらの問題を解決する糸口を見つけ、そこから私たちの未来を創り出していきましょう。

日本の子ども達による"私たちの望む未来"

2012年６月20日〜22日までの３日間、ブラジル・リオデジャネイロにおいて「国連持続可能な開発会議（リオ＋20）」が開催されました。リオ＋20に合わせて６月13日から24日の12日間にわたって設置されたジャパンパビリオンでは、子ども達のスピーチの様子や絵画、手紙が取り上げられ「未来の大人」たちの想いが世界に向けて伝えられました。その中から、当時日能研で学んでいた６年生が書いた文章を紹介します。

....

　私たちの望む未来とはどんな未来なのでしょうか。

　私は、幸せな未来を創りたいと思います。人類にとって、いや全ての生き物にとって。

　人間が住むべき未来の地球は砂漠におおわれた地球でもなければ、ビルばかりの地球でもありません。全ての生き物が助け合い、生かし合いながら暮らしている、緑のある、自然のある地球です。

　それに、平和で、争いのない、大きな問題のない地球でなければならない。なのに、今人類の中で、問題がたくさん起こっています。その１つが貧富の差です。

　私のような日本の子どもは、たくさん食べて元気に学校へ通っています。しかし、学校に通えないどころか食べる物に苦労する11才の子どもが、世界にたくさんいます。

　私たちも他の子どももみんなが笑顔で暮らせるようになるために、募金をしたいと私は思っています。

　募金箱に入れたお金は、直接困っている人々に届くわけではありません。でもきっと、誰かが笑顔になる役に立つと、私は思います。

　また、他の動植物にとっても「住みたい地球」とは自然のたくさんある地球だと思います。

　そのために私たち人間は、環境を守らなければなりません。

　私の家では、電気のつけっぱなしや、冷蔵庫の開け閉めをなるべくなくしています。これは節電につながります。すると使われる燃料の量が減り、二酸化炭素の排出も減ります。燃料、つまり資源を使う量が減ることは環境を守ることに直接なりますし、減った燃料代は他のことに当てられます。

　このような心がけは、私の身の回りにあることです。でも、地球にいる70億人の人間の身近なところには必ず何かできることがあるはずです。それはそれぞれ全く違う70億種類の努力です。だからみんなが身近なところで未来づくりに貢献すれば、それが集まって、美しい地球をつくることができると思います。

　そのために、地球市民の人達には、身近なところで、できることをしてほしいと思います。

12 持続可能な消費と生産のパターンを確保する

（資料提供　国連広報センター）

18世紀後半のイギリスではじまった産業革命は、それまでの生産と消費のあり方をがらりと変えました。産業革命は、産業の加速度的な発展や科学技術の進歩をもたらしましたが、負の部分もまた多く生みました。たとえば大量生産には大量の天然資源が必要ですが、その資源は石油をはじめ限りあるものがほとんどで、このままでは近い将来枯渇してしまいます。また、生産の過程で発生する有害な廃棄物は、深刻な環境破壊を引き起こします。さらに、大量生産・大量消費は、大量廃棄という問題も生み出しました。まだ使えるのに、まだ食べられるのに捨てられているという現状も深刻です。

持続可能な生産と消費には、資源を効率的に利用すること、省エネを推進すること、製品ライフサイクルの視点で廃棄物を管理すること、社会のしくみそのものを見直すことなど、さまざまな角度からの取り組みが求められます。そして、先進国も開発途上国もふくめたすべての国が取り組むことが欠かせません。他の国に先がけて産業革命を達成した先進国は、これまでに多くの環境破壊や資源のむだ使いをしてきました。持続可能な生産と消費のために、先進国が率先してできることはあるでしょうか。また、先進国である日本に生きる私たちが、生活の中でできることはあるでしょうか。

巻末にある各ゴールのターゲットと指標（166ページ）も見てね。

事実と数字

- 2050年までに世界人口が96億人に達した場合、現在の生活様式を持続させるためには、地球が3つ必要になりかねません。
- インフラと建設部門で非金属鉱物の利用が増える中で、物質面の生活水準には大幅な改善が見られています。開発途上国の1人当たり「マテリアル・フットプリント」は、2000年の5メートルトンから2017年の9メートルトンへと増大しました。
- 世界最大の250社のうち93％は現在、サステナビリティー報告書を作成しています。

水

- 全世界の水資源のうち（飲用に適した）淡水は3％に満たず、しかも2.5％は南極や北極、氷河で凍り付いています。よって人類は、全体のわずか0.5％の淡水で人間生態系の淡水ニーズを満たさねばなりません。
- 人間は、自然が河川や湖沼で再生、浄化できる以上の速さで、水を汚染しています。
- 淡水にアクセスできない人々は、依然として10億人を超えています。
- 水の使い過ぎは、世界的な水ストレスを助長します。
- 水は自然から無償で手に入るものの、給水のためのインフラには大きなコストがかかります。

エネルギー

- 全世界の人々が電球を省エネ型に変えたとすれば、全世界で年間1,200億米ドルが節約できます。
- 技術の進歩による省エネの促進にもかかわらず、経済協力開発機構（OECD）諸国のエネルギー使用は、2020年までにさらに35％の増大を続けると見られます。世界的に見て、エネルギーの使用が最も急速に拡大しているのは輸送部門ですが、商業用・住宅用のエネルギー使用がこれに次いでいます。
- 2002年の時点で、OECD諸国の車両保有台数は5億5,000万台に達しています（うちマイカーは75％を占める）。2020年までに、車の所有台数は32％増大すると見られます。また、自動車の走行キロ数も40％増大すると見られているほか、世界全体の空路輸送距離も同時期に3倍に増える見込みです。
- 家計は地球全体のエネルギーの29％を消費することにより、二酸化炭素（CO_2）排出量の21％を占めています。
- 2015年、最終エネルギー消費に占める持続可能エネルギーの割合は、17.5％に達しました。

食料

- 食料による環境への大きな影響は、生産段階（農業、食品加工）で生じていますが、家計は食べ物の選択や食習慣を通じて、こうした影響を左右します。その結果として、食料関連のエネルギー消費と廃棄物の発生による環境への影響も生じています。
- 毎年、生産される食料全体の3分の1に相当する13億トン、価値にしておよそ1兆ドルの食料が、消費者や小売業者のゴミ箱で腐ったり、劣悪な輸送・収穫実践によって傷んだりしています。
- 全世界で20億人が体重超過または肥満となっています。
- 土地の劣化、土壌肥沃度の低下、持続不可能な水利用、漁業資源の乱獲と海洋環境の破壊はいずれも、天然資源基盤の食料供給能力を低下させています。
- 食料部門は、全世界のエネルギー消費の約30％と、温室効果ガス排出量全体の約22％を占めています。

目標12について、日本の課題と、あなたの身近な課題を調べてみましょう。

目標12を読み解く手がかり

SDGsの前身「ミレニアム開発目標(MDGs)」では、「目標7　環境の持続可能性の確保」が定められ、そのターゲット7.aにおいて「持続可能な開発の原則を各国の政策や戦略に反映させ、環境資源の喪失を阻止し、回復を図る」と記されました。

産業革命以降、経済の発展のためには生産と消費の拡大が不可欠であるという考えが私たちの中に刷り込まれていました。そのため、生産と消費そのものが環境課題の一つであるという認識はありましたが、環境悪化の根本原因として、個別かつ独立した一つの課題・目標としては取り上げられませんでした。

そうした中で、過剰な生産と過剰な消費は、資源の枯渇、廃棄物による汚染、気候変動など、環境面に影響を与え続けました。また、生産の過程における資源の過剰採取は、生態系を崩し、生物多様性に危機を招き続けました。大量生産・大量消費が先進国や新興国の一部にみられる一方で、飢餓や貧困という消費の極端な不足が開発途上国にみられ、極端な格差の存在も大きな課題として認識されるようになってきました。

これらの問題に対処するための国際的な取り組みとして、国連環境計画(UNEP)は、2007年に「持続可能な資源管理に関する国際パネル」という専門グループを設立しました。ここでは、資源の持続的な利用に関して権威のある科学的評価を提供しています。また、2012年のリオ＋20では、「国連持続可能な消費と生産に関する10年計画枠組み(10YFP)」が採択されました。「10YFP」とは、社会の消費・生産パターンを資源効率の高い、低炭素で持続可能なものに変革することを目指して策定された指針で、6つのプログラムから成り立っています。政府や企業、市民社会などのさまざまなアクターの参加により具体的な取り組みが進められています。

①消費者情報
②持続可能なライフスタイルと教育
③持続可能な公共調達

④持続可能な建築・建設
⑤エコツーリズムを含む持続可能な観光
⑥持続可能な食料システム

こうした流れを受けて、SDGsでは「目標12　持続可能な消費と生産のパターンを確保する」と提示されました。持続可能な未来を創るキーワードとして、「生産と消費」が一つの独立した目標として取り上げられたのです。

目標12は、先進国か開発途上国か、裕福か貧困かにかかわらず、私たち一人ひとりが消費者として生活パターンを改革するよう呼びかけています。また、全ての事業者がその事業活動を通して持続可能な開発に貢献するよう求められています。そして、全ての国家も、持続可能な生産と消費に資する環境・経済・社会の実現に向けた政策・施策を実施することを求められているのです。

消費者そして生産者、事業者としての企業、そして国家が「持続可能な消費と生産のパターンを確保する」ために、これまでの“あたりまえ”から脱していく方法を見つけていきましょう。そもそも“あたりまえ”とは、いつできあがり、どのような価値を持っているのでしょうか。どのようなプロセスをたどって、持続可能な消費と生産のパターンに移っていくのでしょうか。

3Rを超えて……

「Reduce（リデュース）」、「Reuse（リユース）」、「Recycle（リサイクル）」の3Rを実践することは、ごみを減らすことができ、循環型社会をつくるための一歩となると言われた時期がありました。今では、3Rに「Refuse:（リフューズ）」が加わって4Rと呼ばれたり、さらに「Repair（リペア）」を加えて5Rと呼ばれたりするようになりました。そして、Rは今も増え続けています。たとえば、Remix（リミックス）、Refine（リファイン）、Rethink（リシンク）、Rental（レンタル）、Return（リターン）、Returnable（リターナブル）、Reform（リフォーム）、Reconvert to Energy（リコンバート・トゥ・エナジー）、Rebuy（リバイ）、Regeneration（リジェネレイション）、Reasonable management(Right disposal)（リーズナブル・マネジメント）、Recreate（リクリエート）、Refresh with Green-Break(環境保全型余暇を満喫する)、React（リアクト）、Restore（レストア：復元する）、Reforest(レフォレスト)など。

この増え続けるRこそが、大量消費・大量生産的な思考の延長にあるという考えがあります。持続可能な消費と生産という新しいコンセプトを実践するRの次にくるものこそ、私たちの「意識・無意識の前提」にすえた新しい構造、新しい行動のパターン、新しいできごとを生み出す核になるのかもしれません。

アルファベット順でいえば、Rの次はSです。このSが「Sustainable（持続可能）」のSとなるために、自分自身の行動をふり返ってみることもできそうです。

さあ、あなたなら今の行動にどのような変化を加えていきますか。

目標

13 気候変動とその影響に立ち向かうため、緊急対策を取る

（資料提供　国連広報センター）

2016年4月、175の国連加盟国は、歴史的な「パリ協定」に署名し、地球の気温上昇が摂氏2度を超えないよう確実に抑えるべく、すべての国が対策を講じるための土台ができ上がりました。

気候変動には人間の活動が大きく関係しているといわれています。たとえば二酸化炭素などの温室効果ガスの影響により地球温暖化が進んでいると考えられています。私たち人間をふくむ地球上に住む生物は気候変動の深刻な影響を受けていて、その中には天候パターンの変化、海面の上昇、異常気象の増加等もふくまれます。

気候変動は国境を越えたグローバルな課題です。気候変動はあらゆる大陸のあらゆる国に影響をおよぼすようになっています。どこかの地域で温室効果ガスの排出が増えれば、あらゆる場所の人々に影響が出ます。これは国際レベルで調整すべき解決策を必要とする問題といえます。

一人ひとりの動きは小さなものかもしれませんが、それが積み重なれば大きな影響を生み出すことになります。これ以上、気候変動につながる地球への悪影響を出さないようにするために、私たちは何をすることができるでしょうか。

巻末にある各ゴールのターゲットと指標（167ページ）も見てね。

事実と数字

- 2018年4月現在、175カ国がパリ協定を批准し、168カ国は国連気候変動枠組条約事務局に初回の自国が決定する貢献を伝えています。
- 2018年4月現在、開発途上10カ国は、気候変動対策のための第1次国内適応計画 を完成、提出しています。
- 先進締約国は引き続き、緩和対策のために2020年までに年間1,000億ドルを共同で動員するという目標の達成に向けて前進しています。

気候変動に関する政府間パネルの活動により、以下が明らかになっています。

- 1880年から2012年にかけ、地球の平均気温は摂氏0.85度上昇しました。大局的に見ると、平均気温が1度上昇するごとに、穀物の収量は約5％ずつ低下します。1981年から2002年にかけ、トウモロコシや小麦その他の主要作物の収量は全世界で毎年4,000万トンと、大幅な減少を示しています。
- 海水温が上昇し、雪氷の量が減少した結果、海面が上昇しています。1901から2010年にかけて、温暖化で海洋が広がり、氷が融けることで、世界の平均海水面は19センチメートル上昇しました。北極の海氷面積は1979年以来、どの10年間を取っても縮小を続けており、各10年間の縮小幅の平均は107万平方キロメートルに及んでいます。
- 現状における温室効果ガスの濃度と排出の継続を勘案した場合、1850年から1900年の期間を基準とする地球の平均気温上昇は、一つを除くすべてのシナリオで、今世紀末までに摂氏1.5度を上回ると見られています。世界中で海洋の海水温の上昇と氷の融解が続きます。平均海面上昇は2065年までに24〜30センチメートル、2100年までに40〜63センチメートルに達すると予測されます。排出量の増大が止まったとしても、気候変動のほとんどの影響は、数世紀にわたり持続することになります。
- 全世界の二酸化炭素（CO_2）排出量は1990年以来、50％近く増大しています。
- 2000年から2010年にかけての排出量は、直前の30年のどの10年間よりも大幅に増えています。
- 幅広い技術的措置を講じ、行動を変えれば、地球の平均気温上昇を産業革命以前との比較で摂氏2度に抑えることはまだ可能です。
- 大幅な制度的、技術的変革が起きれば、地球温暖化がこの水準を超えない可能性は50％以上に高まります。
- ＊国連気候変動枠組条約（UNFCCC）が、気候変動への世界的対応について交渉を行う基本的な国際的、政府間対話の場であると認識している。

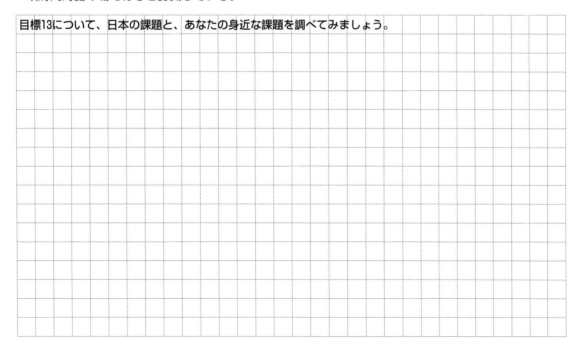

目標13について、日本の課題と、あなたの身近な課題を調べてみましょう。

目標13を読み解く手がかり

■国連気候変動枠組 条 約締約国会議（通称：COP）

1992年、ブラジルのリオデジャネイロで、「環 境と開発に関する国際連合会議（UNCED）」が開催され、「国連気候変動枠組 条 約（UNFCCC）」が採択されました。この条 約に基づき、1995年から毎年「締約国会議（COP）」が開催されています。気候変動が地球環 境問題の中心として注目が集まり、「COP」というと「国連気候変動枠組 条 約締約国会議」を指すようなとらえられ方をすることもあります。

1995年の国連気候変動枠組 条 約第一回締約国会議（COP1）では、「COP3で効 力のある議定書や法的文書を採択、合意すること」に締約国が同意します。そして、1997年のCOP3で2008年～2012年までルールが決まり、先進国が達成すべき排 出 量の上 限を定めた「京都議定書」が採択されました。2005年、さまざまな国際交 渉を経て、発効要件を満たし、「京都議定書」は発効しました。しかしその後のCOPは、各国の利害交 渉で紛 糾し、2013年以降のルールが定まらないままとなりました。

そうした中で2015年のCOP21では、ここまでに合意できなかった2013年から2020年までのルールづくりを一旦脇に置き、2020年以降のルールについての話し合いがもたれます。そして、採択されたのが「パリ協定」です。全世界の国々が、世界の平均気温上 昇を産 業 革命以前との比較で1.5℃に抑えるための取り組みを強化し、気候変動対策の財源を充 実させることで合意したのです。

『環 境を考えるBOOK⑦ 災害教育から始まるお話』では、第６章において、「パリ協 定」の採択を伝える毎日新聞の一面記事を取り上げ、６つのワークと共に、「パリ協 定」の内容をもとに情 報を紐解く方法を紹 介しています。ぜひ、チャレンジしてみてください。

考える×続けるシリーズ

環境を考えるBOOK ⑦

災害教育から始まるお話

日能研

■世界気象機関（World Meteorological Organization：WMO）

国連の専門機関のひとつである世界気象機関（WMO）は、４年に１回「世界気象 会議」を開催します。また、WMOでは、地球の大気の状 態と動き、大気と海洋の相互作用、それが作り出す気候とその結果による水資源の分布、そして関連の環 境問題について権威ある科学情 報を提 供しています。

WMOは次の８つの主要な計画を設立し、あらゆる方面から世界的な気象 業務発展のための活動を行っています。

- 世界気象 監視（WWW）計画
- 世界気候計画
- 大気研究・環 境計画
- 応用気象計画
- 水文・水資源計画
- 教育・研 修計画
- 技術 協 力計画
- 地区計画

■「気候変動に関する政府間パネル（IPCC）」

国連の気候変動に関する科学的活動をサポートする機関として、国連環 境計画（UNEP）と世界気象機関（WMO）という２つの機関があります。そして、この２つの機関が共 同で設立したのが、「気候変動に関する政府間パネル（IPCC）」です。IPCCは、数百人の専門家からなり、気候変動対策交 渉への信頼できる科学的根拠を提 供する活動をしています。2007年には、地球温暖化に警鐘を鳴らすなどの功績が評価され、ノーベル平和賞を受 賞しています。そして、2013年～2014年に出された第５次報告書では、「温暖化には疑う余地がない。20世紀半ば以降の温暖化の主要な原因は、人間の影 響が極めて高い」と報告しています。

IPCCによる報告

報告書	公表年	人間活動が及ぼす温暖化への影響についての評価
第1次報告書 First Assessment Report 1990(FAR)	1990年	「気温上昇を生じさせるだろう」 人為起源の温室効果ガスは気候変化を生じさせる恐れがある。
第2次報告書 Second Assessment Report: Climate Change 1995(SAR)	1995年	「影響が全地球の気候に表れている」 識別可能な人為的影響が全地球の気候に表れている。
第3次報告書 Third Assessment Report: Climate Change 2001(TAR)	2001年	「可能性が高い」（66％以上） 過去50年に観測された温暖化の大部分は、温室効果ガスの濃度の増加によるものだった可能性が高い。
第4次報告書 Forth Assessment Report: Climate Change 2007(AR4)	2007年	「可能性が非常に高い」（90％以上） 温暖化には疑う余地がない。20世紀半ば以降の温暖化のほとんどは、人為起源の温室効果ガス濃度の増加による可能性が非常に高い。
第5次報告書 Fifth Assessment Report: Climate Change 2013(AR5)	2013～ 14年	「可能性が極めて高い」（95％以上） 温暖化には疑う余地がない。20世紀半ば以降の温暖化の主な要因は、人間の影響の可能性が極めて高い。

（IPCCの資料より）

※2021年からは各ワーキンググループの第６次報告書、2022年４月に第６次総合報告書が公表される予定です。

14 海洋と海洋資源を持続可能な開発に向けて保全し、持続可能な形で利用する

（資料提供　国連広報センター）

海洋汚染の原因には、海に廃棄物が捨てられたり、船などの事故で石油が海に流れ出したりすることに加え、陸上の人間の活動が大きく関係しているといわれています。たとえば、工場や家庭からの排水、河川や大気から農薬等の化学物質が海に流れ込むことなどがあげられます。そして、生物にとっての有害物質が、食物連鎖を通して濃縮されながら、いずれは人間の口に入る魚などの生物の体内に蓄積されていきます。

世界の海洋は、その温度、化学的性質、海流、生物を通じ、地球を住みよい場所にする地球規模のシステムを動かしています。雨水や飲み水、気象、気候、海岸線、私たちの食料の多く、さらには私たちが呼吸によって取り入れている大気中の酸素でさえ、究極的には海洋によって提供、制御されています。海洋は歴史全体を通じ、貿易や輸送に不可欠な経路にもなってきました。この地球にとって必須の資源を慎重に管理することは、持続可能な未来の重要な要素となります。

海や海の資源を守るために、私たちは何をすることができるでしょうか。

巻末にある各ゴールのターゲットと指標（167ページ）も見てね。

事実と数字

● 海洋は地球の表面積の4分の3を占め、地球の水の97％を蓄え、体積で地球上の生息空間の99％を占めています。

● 海洋と沿岸部の生物多様性に依存して生計を立てている人々は、30億人を超えています。

● 世界全体で、海洋と沿岸の資源と産業の市場価値は年間3兆ドルと、全世界のGDPの約5％に相当すると見られています。

● 海洋には、確認できているだけでおよそ20万の生物種が生息していますが、実際の数は数百万に上る可能性があります。

● 海洋は、人間が作り出した二酸化炭素の約30％を吸収し、地球温暖化の影響を和らげています。

● 海洋は世界最大のたんぱく源となっており、海洋を主たるたんぱく源としている人々は30億人を超えています。

● 海面漁業は直接的または間接的に、2億人以上を雇用しています。

● 漁業への補助金は、多くの魚種の急速な枯渇を助長するとともに、世界の漁業と関連雇用を守り、回復させようとする取り組みを妨げており、それによって海面漁業の収益は年間500億米ドル目減りしています。

● 外洋地点の観測によると、産業革命の開始から現在までに、酸性化の水準は26％上昇しています。

● 沿岸水域は汚染と富栄養化によって劣化しています。協調的な取り組みを行わなければ、沿岸の富栄養化は2050年までに、大型海洋生態系全体の20％で進むものと見られています。

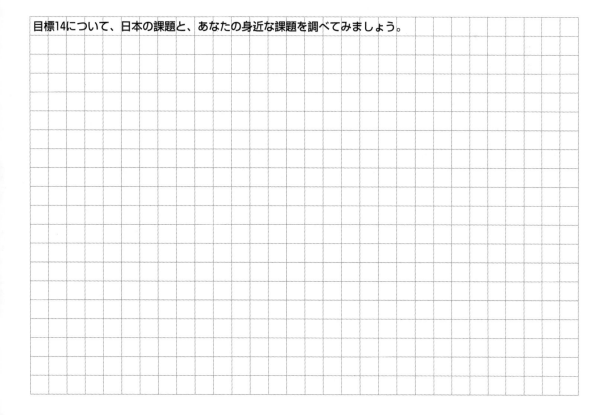

目標14について、日本の課題と、あなたの身近な課題を調べてみましょう。

目標14を読み解く手がかり

国連海洋会議(The Ocean Confernce)

Photo: Edwar Herreño

　2017年6月、世界環境デー(6月5日)と世界海の日(6月8日)に合わせる形で、海洋の持続可能性の問題をテーマにした国際会議「国連海洋会議(The Ocean Confernce)」が、ニューヨークの国連本部で開催されました。この問題での国際会議の開催は歴史上はじめての試みでした。

　これまでの歴史において、海洋について国際的な集いには、海洋法の法典化を行った外交会議「国際連合海洋法会議(United Nations Conference on the Law of the Sea、略称:UNCLOS)」がありました。1958年から1982年までの歳月をかけて、国連海洋法条約が採択されました。条約には、領海、公海、大陸棚、排他的経済水域、深海底、海洋環境保護、海洋科学調査など、海洋のあらゆる法制度がまとめられました。そして、1994年に国連海洋法条約は発効されます。

　その後も海洋についての国際的な議論は、加速していきます。1992年の地球サミットを受けて、国連食糧農業機関(FAO)や国際海事機関(IMO)、国連教育科学文化機関(UNESCO)、国連海事海洋法課(DOALOS)などが海洋の問題について議論・調整できるつながりを持つ組織(現在のUN-Oceans)が生まれます。また、「海洋と海洋法に関する国連非公式協議プロセス(ICP)」という年1回の会議がニューヨークの国連本部で行われてきました。しかし、それらの議論は、一つの惑星の5つの大陸をつなぐ一つの海洋を、いかに争わずにルールを守り、分け合い守っていくかという視点からの議論でした。

そこに、2012年の国連持続可能な開発会議（リオ＋20）、2015年の「海洋」に関する目標（SDG14）を含むSDGsの採択、さらには国連気候変動枠組条約第21回締約国会議（COP21）での「パリ協定」の合意が契機となり、大きな転換が起こります。国を超えた多くのステークホルダー（参加国、国連システム、政府間・非政府組織のほか、企業やメディア、さらには一般市民）が集い、「劣化の一途をたどる海洋の状態を逆転させるための緊急かつ具体的な行動を起こす」という視点へとシフトしたのです。この流れのなかで始まり、今もなお継続している会議には、例えば次のものがあります。

Our Ocean Conference（2014年〜）
政府、経済界、シンクタンク、NGO等が海洋問題について協議する国際会議。

World Ocean Summit（2014年〜）
英国の経済誌『The Economist』を発行するザ・エコノミスト・グループが開催する会議。

UN Ocean Conference（2017年〜）
SDG14の実施促進を目的に開催される3年に1度の会議。第1回はスウェーデンとフィジーがホスト国となり2017年6月にニューヨークの国連本部で開催されました。

このほか、G7やG20といった首脳会議でも海洋問題が議論のテーマとなっています。2018年のカナダのシャルルボアでのG7において、「海洋プラスチック憲章」が採択されたことは記憶に新しいところです。

海洋プラスチック憲章（JEAN 全文仮和訳より抜粋）

プラスチックは過去1世紀で最も画期的な発明の一つであり、私たちの経済や日常生活において重要な役割を果たしています。しかしながら、プラスチックの製造、使用、管理および廃棄に関する現行のアプローチは、環境、生計および潜在的に人の健康に重大な脅威をもたらします。また、価値、資源、エネルギーの大幅な損失となっています。

我々、カナダ・フランス・ドイツ・イタリア・英国・欧州連合のリーダーは、プラスチックの管理に対するより資源効率の高い持続可能なアプローチを目指します。

1．持続可能なデザイン、生産、およびリユース市場
2．回収、管理などのシステムおよびインフラ
3．持続可能なライフスタイルおよび教育
4．研究、イノベーション、新技術
5．沿岸および海岸線でのアクション

目標 15
陸上生態系の保護、回復および持続可能な利用の推進、森林の持続可能な管理、砂漠化への対処、土地劣化の阻止および逆転、ならびに生物多様性損失の阻止を図る

（資料提供　国連広報センター）

地球上で生活しているすべての種類の生物は、どこかでつながっています。現在の地球で生活している生物の1種類が絶滅すると、めぐりめぐって、人の生活ができなくなるかもしれません。なるべく、絶滅する生物を少なくする必要があります。絶滅する生物を少なくするためには、森林をふくめた生物が生活している環境をそのままにしておく必要があります。しかし、多くの人が生活するためには、人にとって生活のしやすい場所が必要です。人をふくむ地球上のすべての生物が生活できる場所を保つことが、持続可能な開発となります。どのようにすれば、そのような場所を保つことができるのでしょうか。

森林には、いろいろな生物が生活しています。森林は人にとって食料を得る場所であったり、住む場所であったり、建物を建てるときの材料を手に入れたりする場所でした。

森林は、二酸化炭素を吸収したり、急激な気温の変化をやわらげる働きをしたりしている場所でもあります。さらに、地表に落ちてきた雨水をその土地に蓄えたり、地面が水によってけずられることを防いだりする場所でもあります。

人口が増えると、たくさんの食料が必要になります。食料を得るために、森林を破壊し、農地をつくります。森林が少なくなると、気候も変動しやすくなり、雨が少ない場所では、森林の木々が枯れて、砂漠のように植物が生育しにくい土地が広がります。

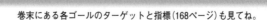

巻末にある各ゴールのターゲットと指標（168ページ）も見てね。

事実と数字

森林

● およそ16億人が、森林に依存して生計を立てています。その中には、約7,000万人の先住民が含まれます。

● 森林には陸生種の動植物と昆虫の80％以上が生息しています。

● 2010年から2015年にかけ、世界では330万ヘクタールの森林が失われました。農村部の貧しい女性は、共同利用資源に依存しているため、森林破壊による特に大きな影響を受けています。

砂漠化

● 26億人が農業に直接依存していますが、農地の52％は土壌荒廃による中程度の、または深刻な影響を受けています。

● 耕地の喪失は、かつてのペースの30倍から35倍の速さで進んでいるものと見られます。

● 毎年、干ばつと砂漠化によって1,200万ヘクタール（1分間に23ヘクタール）の土地が失われています。これは1年間で2,000万トンの穀物が栽培できる面積に当たります。

● 全世界で貧困層の74％が、土地劣化の直接的影響を受けています。

生物多様性

● 野生生物の密猟と密売は、依然として保全に向けた取り組みを損なっており、報告されている7,000種近い動植物の不正取引には、120カ国が関与しています。

● 確認されている8,300の動物種のうち、8％は絶滅し、22％が絶滅の危機にさらされています。

● 8万を超える樹種のうち、潜在的な利用可能性が検討されているものは1％にも達していません。

● 魚は約30億人に動物性タンパク質の20％を提供しています。わずか10の魚種で海洋捕獲漁業の漁獲高の約30％を占める一方、養殖漁業生産の約50％も10種で占められています。

● 人間が摂取する食料の80％以上は植物に由来します。コメ、トウモロコシ、小麦の3つの穀物だけで、エネルギー摂取量の60％を占めています。

● 開発途上国では、農村部の住民の80％にも上る人々が、基本医療を伝統的な植物ベースの薬に依存しています。

● 微生物と無脊椎動物は、生態系サービスにおいて鍵を握る存在ですが、その貢献度はあまり知られておらず、認識されることもほとんどありません。

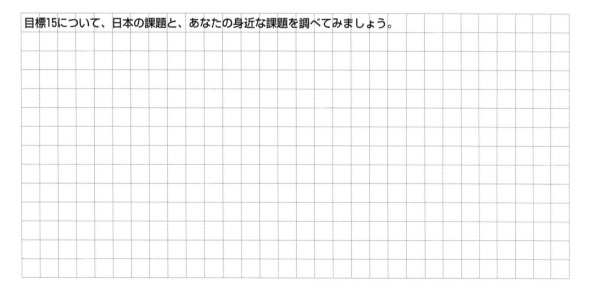

目標15について、日本の課題と、あなたの身近な課題を調べてみましょう。

目標15を読み解く手がかり

■SDGsウェディング・ケーキ・モデル

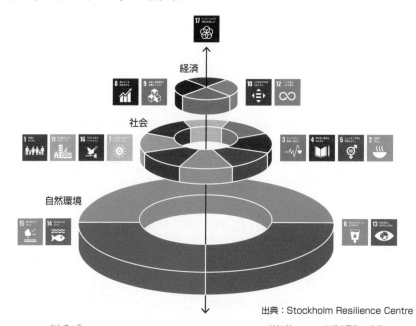

出典：Stockholm Resilience Centre

　スウェーデン出身の環境学者、ヨハン・ロックストローム博士は、並列的に示されることが多いSDGsの17の目標を、目標17を頂点として、その下に「経済圏」「社会圏」「生物圏」と続く3つの層からなるモデルを提唱しました。「経済圏」は「社会圏」に、「社会圏」は「生物圏」に支えられて成り立ち、その三層を貫くのが私たちのパートナーシップであるという考え方です。このモデルは、三層に積み上げられた形をウェディングケーキになぞらえて「SDGsウェディング・ケーキ・モデル」と呼ばれています。海と水、気候変動、生物多様性、海洋資源など、「生物圏」が私たちの持続可能性を考えるときにもっとも土台となる層であるということが読み取れるモデルとなっています。

　2007年にドイツ・ポツダムでG8に加え、ブラジル・中国・インド・メキシコ・南アフリカ共和国の環境担当大臣による会合が開催され、欧州委員会とドイツにより提唱された国際的な研究プロジェクトであるTEEB(The Economics of Ecosystem and Biodiversit ／生態系と生物多様性の経済学)においても、「SDGsウェディング・ケーキ・モデル」が活用されています。このプロジェクトは、「生物多様性や生態系サービスの価値を適切に認識すること」「価値を可視化すること」「持続的に利用するための仕組みを整備すること」を目指して始まったともいわれています。2010年、名古屋で開かれた生物多様性条約第10回締約国会議において、初の報告書が提出されました。

■プラネタリー・バウンダリー（地球の限界）

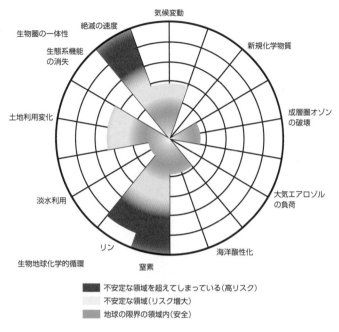

プラネタリー・バウンダリーの考え方で表現された
現在の地球の状況

■ 不安定な領域を超えてしまっている（高リスク）
□ 不安定な領域（リスク増大）
■ 地球の限界の領域内（安全）

資料：Will Steffen et al.「Planetary boundaries：Guiding human development on a changing planet」より環境省作成

　持続可能な開発のための前提条件として、国や地域、企業や市民のために「人類のために安全動作領域」を定義しようという想いから生み出されたフレームワークの一つが「プラネタリー・バウンダリー（地球の限界）」です。地球にとっての安全域や程度を示す「限界値」を有する9つの地球システム（気候変動、海洋酸性化、成層圏オゾンの破壊、窒素とリンの循環、グローバルな淡水利用、土地利用変化、生物多様性の損失、大気エアロゾルの負荷、化学物質による汚染）が定義されています。目標15に関係する生物多様性に関する状況の中には、すでに持続可能性の限界値を超えているものがあることが読み取れます。

　2020年は、ポスト愛知目標である「2030・2050ゴール」が生物多様性条約第15回締約国会議で採択される予定だったことから、「生物多様性」にとってスーパー・イヤーとなるはずでした。しかし、COVID-19の世界的な感染拡大の影響により延期となりました。もし「2030・2050ゴール」が採択されれば、気候変動枠組条約における「パリ協定」と同じくらいのインパクトがあるといわれていただけに残念です。ワシントン条約そしてラムサール条約、さらに生物多様性条約と、生物多様性と環境の保全に向けた動きを強めてきた国際社会の今後の動きに注目が集まります。

目標 16

持続可能な開発に向けて平和で包摂的な社会を推進し、すべての人々に司法へのアクセスを提供するとともに、あらゆるレベルにおいて効果的で責任ある包摂的な制度を構築する

（資料提供　国連広報センター）

他者に、自分が考えた通りに行動してもらうには、いくつかの方法があります。そのひとつは、暴力による方法です。なぐったり、けったりすることから始まり、武器をもっておどし、ついには国どうしで戦争するということにまで発展します。暴力という手段では、持続可能な開発は進みません。世界に住む一人ひとりの行動が持続可能な開発につながるための方法のひとつに、みんなが納得する法律を定めることがあげられます。

暴力によって死亡する人や、財産を取られる人をなくしていかなくてはなりません。持続可能な開発を進めるために、家庭、社会、国家などのいろいろな場面で暴力をなくす必要があります。そのためには、世界の人々が法律を理解し、法律を守る行動をすることが大切です。

この法律は、全世界でまったく同じである必要はありません。法律の内容が持続可能な開発を目指していれば、国や地域、場所、住む人々が持つ文化によってちがってもよいのです。

世界全体の人々が納得できる、持続可能な開発の方向にある法律とはどのようなものでしょうか。そして、地域によるちがいのある法律はなぜ必要なのでしょうか。さらに、その法律を知り、納得し、行動するためには、どのようなことが必要となるでしょうか。

巻末にある各ゴールのターゲットと指標（169ページ）も見てね。

事実と数字

- 腐敗が最も広がっている制度の中には、司法と警察が含まれています。

- 贈収賄や横領、窃盗、脱税は、開発途上国に年間およそ１兆2,600億ドルの被害を及ぼしています。これは、１日１ドル25セント未満で暮らす人々を少なくとも６年間、１ドル25セント以上で生活させることができる金額に相当します。

- ５歳未満児の73％は出生届の対象となっていますが、サハラ以南アフリカでは出生届率が46％に止まっています。

- 紛争被災地域には、小学校就学年齢で学校に通えていない子どもがおよそ2,850万人います。

- 法の支配と開発の間には、有意な相関関係と相互補強関係があるため、国内と国際の双方のレベルで法の支配を確保することが、持続可能な開発に不可欠となっています。

- 有罪判決なしに拘禁されている受刑者の割合は最近の10年間、受刑者全体の31％を占め、ほぼ横ばいとなっています。

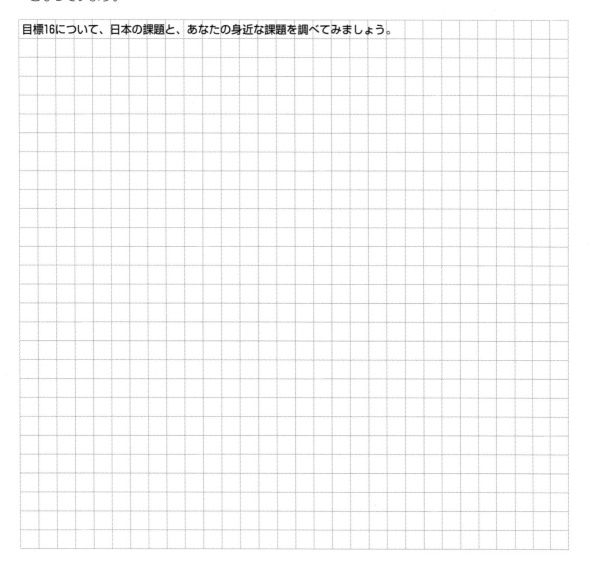

目標16について、日本の課題と、あなたの身近な課題を調べてみましょう。

目標16を読み解く手がかり

広がる「平和の概念」

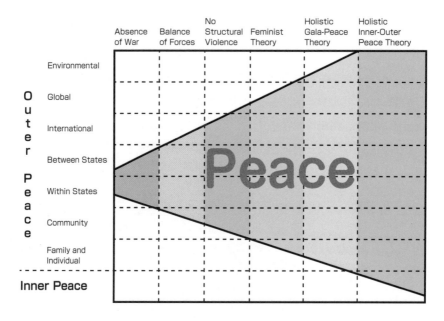

Figure 4 : Six Concepts in the Evolution of Peace
These stages in the evolution of the peace concept include the following :

※ 表を見やすくするために、色を付けて示しています。

　目標16のキーワードの一つである「Peace」は、日本では明治以降「平和」と訳されています。「平和」とは、どのような状態を指すのでしょうか？　古典的な概念を持ち出せば「戦争がない状態」ということになります。古い時代の人々は、戦争の状態が日常であり、戦争がない状態が「平和」であると考えていたのです。それが、今では「平和学」といわれる学問領域も誕生し、ヨハン・ガルトゥングの直接的（個人的）暴力のない状態を表す「消極的平和」や直接的（個人的）暴力だけでなく構造的（間接的）暴力のない状態を表す「積極的平和」という新しい概念も誕生しています。

　スモーカーとグロフの研究によれば、「平和」という概念は進化し続けているそうです。「平和」を図で表してみると、6つの段階に示すことができるといいます。上図「Six Concepts in the Evolution of Peace」がその6段階です。この図は、UNESCOのリーダーシップによって「平和」という概念がますます注目を集める中にありながらも、その解釈方法においては明確なコンセンサスがない現在の世界において、「平和」について私たちがさまざまな議論を展開するための思考のフレームとして役立つかもしれません。

87

「Six Concepts in the Evolution of Peace」では、縦軸と横軸で「平和」の概念の領域を示します。縦軸は、大きく分けると「外的な平和（Outer Peace）」と「内的な平和（Inner Peace）」の2つです。「外的な平和（Outer Peace）」は、家族と個人（Family and Individual）から始まり、コミュニティ（Community）、国内（Within States）、国家間（Between States）、国際的（International）、グローバル（Global）、環境的（Environmental）へと広がっています。そして、横軸は、古典的概念としての平和の戦争の不在（Absence of war）から始まり、力の均衡（Balance of Forces）、構造的暴力の不在（No Structural Violence）、フェミニスト的平和（Feminist Theory）、ホリスティック・ガイア的平和（Holistic Gala-Peace Theory）、ホリスティック内的外的平和（Holistic Inner-Outer Peace Theory）へと広がっていきます。

現在の地球を見渡したとき、私たちの「平和」への活動の多くは、図中のレッドからオレンジの領域の「平和」に時間も労力もお金もかけられているといえます。そして、図中のグリーンからティール領域の「平和」への意識が高まりつつも、いまだ実現されているとは言い難い状況です。そうした中で、さらに進んでターコイズで示された領域の「平和」があることに気づき始めているといえます。

SDGs 2030では、「No one will be left behind」を誓っています。この訳語は「誰一人取り残さない」とされています。しかし、今の国際的な潮流をみると、「one」の示す範囲が拡大しているようです。

たとえば、ニュージーランドでは2017年3月に、自然に権利を付与する法律が初めて制定されています。また、エクアドルの憲法では自然には「完全に尊重される権利」があると定めています。

「平和」の概念の進化は、地球をGaia（ガイア）という一つの生命体と捉える思想や法的な人権を持つものとして捉えるという人間の思想の進化とともに変化しているといえます。
「No one will be left behind」の「one」を私たちはどのように定義していくことができるでしょうか。そして、定義することによってどのような未来をイメージすることになるのでしょうか。

「平和」と訳された言葉から見えてくる世界に向き合うことで、新しい関係が築かれていくかもしれません。

17 持続可能な開発に向けて実施手段を強化し、グローバル・パートナーシップを活性化する

（資料提供　国連広報センター）

持続可能な開発を成功させるためには、地球上にある国どうし、企業どうし、住民どうしが協力しあう必要があります。人間と地球を中心にすえた価値観を地球に住む全員が共有して行動し、いろいろな人々がいろいろなつながりで協力し合っていかなくてはなりません。

持続可能な開発を行うためには、世界中の人々に、電気、ガス、水道、下水、道路、通信などの設備が必要だといわれています。先進国が現在利用している設備はたくさんありますが、開発途上国は、これらの設備が先進国と比べると少ないのです。このため、先進国と開発途上国は協力し合いながら、さまざまな設備を整えていきます。設備を整えるためには、設備開発や維持のための技術も、材料費や人件費などのお金も必要です。協力関係にある国や人々は、それぞれの地域に合わせた整備の方法を考え、技術やお金を援助します。技術やお金を援助される側と援助する側は、持続可能な開発に向けた共通の目標を理解しておく必要があります。また、援助するための技術やお金が的確に使われているかを監視するしくみや法律をつくる必要があります。

巻末にある各ゴールのターゲットと指標（170ページ）も見てね。

事実と数字

● 2014年の政府開発援助（ODA）総額は1,352億ドルと、過去最高の水準を記録しました。

● 先進国は、開発途上国からの輸入品の79%に関税をかけていません。

● 開発途上国の債務負担は、輸出収入の3％程度で安定しています。

● アフリカのインターネット利用者は、過去4年間でほぼ2倍に増えました。

● 世界の若者の30%は、オンライン歴5年以上の「デジタル・ネイティブ」です。

● しかし、40億人以上がインターネットを利用できておらず、しかもその90%は開発途上地域に暮らしています。

目標17について、日本の課題と、あなたの身近な課題を調べてみましょう。

目標17を読み解く手がかり

　SDGsの目標の中でも目標17は異質です。目標１～16までがそれぞれ一つの開発分野を扱うのに対して、目標17は目標に向けて世界各国およびさまざまな機関や人々が行動を起こしていく際の促進要因や阻害要因をリストアップした包括的な枠組みとなっています。目標17は、目標１～16までの各開発分野の計画を実現するための方向性や方法を提供するものであるといえます。

　17の目標それぞれがかかげるターゲットの中には、測定可能な数値目標が設定されているものといないものがあります。設定されているものはどのくらいあると思いますか？　確認してみると、測定可能な数値目標が設定されているターゲットは169のうちほんの少しです。ぜひ、調べてみてください。

　そして、測定可能な数値目標が設定されていないターゲットには、たとえば「推進する」といった具体性に欠ける表現が使われています。なぜ、測定できないのでしょうか？　また、測定できないことは、どんな表現で示されているでしょうか？　使われている言葉に線を引きながら、使われている表現を確認したり、測定できない理由に思いをめぐらせてみたりすることもできそうです。

　目標17のターゲットには、金融と貿易、技術移転、能力構築、多様な利害関係者間で築き上げるパートナーシップ、モニタリングといった分野が網羅されています。これらのターゲットは、数値では測定できないことを実現させるためには、どのような創意工夫が必要になるかを考える手がかりになりそうです。

　ここで改めて、"SDGsの担い手は誰？"という問いを立てましょう。
担い手は国家でしょうか？　　どこかの専門機関でしょうか？
あなたでしょうか？　　　　　私でしょうか？

　SDGsは、国家にしても個人にしても、誰かにやらされるものではなく、自発的なものです。その成功と失敗は、さまざまな主体の積極的な参加と合意形成によって大きく左右されるものなのです。

　最後に、一つのユーモアあふれる物語をご紹介します。

Everybody, Somebody, Anybody, and Nobody

This is a story about four people named

Everybody, Somebody, Anybody, and Nobody.

There was an important job to be done and

Everybody was sure that Somebody would do it.

Anybody could have done it, but Nobody did it.

Somebody got angry because it was Everybody's job.

Everybody thought Anybody could do it,

but Nobody realized that Somebody wouldn't do it.

It ended up that Everybody blamed Somebody

when Nobody did what Anybody could have done.

-Author Unknown

「みんな」「誰か」「誰でも」そして「誰も」

これは四人の物語。四人は、「みんな」「誰か」「誰でも」、そして「誰も」。

ある大事な仕事、しないといけない仕事がありました。

「みんな」は「誰か」がやるはずだと思っていました。

「誰でも」できるはずのこと、でも「誰も」しませんでした。

「誰か」は怒りました。「みんな」の仕事だったのだからと。

「みんな」は「誰でも」できるはずと思っていましたが、

「誰か」がやるようには「誰も」しなかったのです。

「誰でも」できることを「誰も」しなかったあげく、

「みんな」は「誰か」を非難して、

おしまいにしてしまいました。

2030年の社会がこの物語が描くような状態でないことを祈りつつ……。

第3章 私学とSDGsを重ねていこう

過去に出題された中学入試問題に、2015年9月に国連サミットで採択された「持続可能な開発のための2030アジェンダ（SDGs）」を重ねると、じつはSDGsが採択されるずっと以前から、私学はこのゴールに向けて動き出していたことが読み取れます。

昭和62年（1987年）に久留米大附設中学校　国語で、次のような問題が出されていました。
「未知と道」というテーマで、自分の考えを40分という時間内で書き上げるものです。

「未知と道」

1　上について自分の考えを六百字以内にまとめなさい。
2　自由な発想を歓迎します。
3　題名・氏名はかかないでください。

昭和62年の流行語大賞新語部門銀賞は「JR」でした。日本国有鉄道（国鉄）が分割民営化され、4月1日にJRグループに生まれ変わり、「JR」の言葉が大きく報道されました。国鉄は明治5年（1872年）に新橋駅−横浜駅間で正式開業してから115年の歴史がありました。政府が100%出資する経営形態を持つ国鉄が民営化にむけて動くことは、それまでの常識では考えられないものでした。1985年に日本電信電話公社がNTTグループとして民営化したことに引き続き、JRグループの発足は世の中に大きな衝撃を与えたのです。

令和2年（2020年）、私たちは「新型コロナウイルス感染症」の流行によって、これまでに経験をしたことがない未知の状況下で生活をおくることになりました。また、九州では数10年に一度という豪雨により、熊本県南部を中心に甚大な被害が出ました。たびたび発生している地震も大きな脅威となっています。

未知と向き合いながら進んでいく未来という時間、私たちはどのような道を、誰と、どのように歩んでいくのでしょうか。昭和62年に中学入試で出された問題は、時代を超えて今なお、私たちに大きなテーマを示し、未来に向けて共に歩んでいくことを促進してくれているようにも感じます。

中学入試問題は、子ども達の中にある"未来へ学び進むチカラ"を試しています。問題には、"こんな子ども達を育てたい"という各中学からのメッセージが見え隠れします。あなたなら、「未知と道」について、どんなことを六百字に綴りますか？

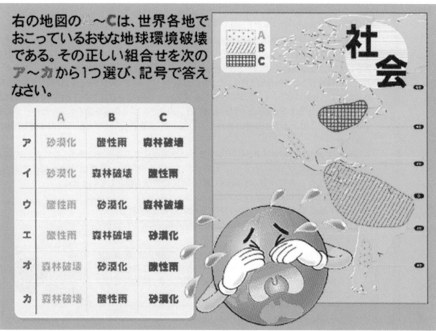

右の地図の A ～ C は、世界各地でおこっているおもな地球環境破壊である。その正しい組合せを次のア～カから1つ選び、記号で答えなさい。

	A	B	C
ア	砂漠化	酸性雨	森林破壊
イ	砂漠化	森林破壊	酸性雨
ウ	酸性雨	砂漠化	森林破壊
エ	酸性雨	森林破壊	砂漠化
オ	森林破壊	砂漠化	酸性雨
カ	森林破壊	酸性雨	砂漠化

2001年

（2001年久留米大学附設中学校入試問題より）

聖域なき改革 ◀ 　流　行　語　▶ Wカップ

家電リサイクル法　9.11テロ ◀ 　出　来　事　▶ Wカップ日韓共催　小柴さん・田中さんノーベル賞受賞

◀大きな自然災害▶

2002年

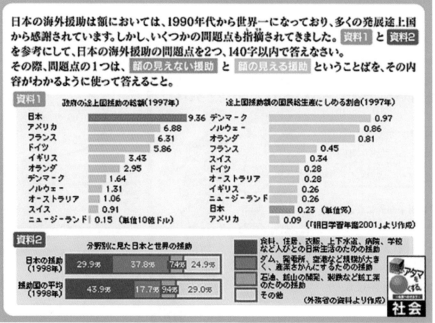

日本の海外援助は額においては、1990年代から世界一になっており、多くの発展途上国から感謝されています。しかし、いくつかの問題点も指摘されてきました。資料1 と 資料2 を参考にして、日本の海外援助の問題点を2つ、140字以内で答えなさい。その際、問題点の1つは、額の見えない援助 と 額の見える援助 ということばを、その内容がわかるように使って答えること。

資料1

政府の途上国援助の総額(1997年)	
日本	9.36
アメリカ	6.88
フランス	6.31
ドイツ	5.86
イギリス	3.43
オランダ	2.95
デンマーク	1.64
ノルウェー	1.31
オーストラリア	1.06
スイス	0.91
ニュージーランド	0.15 （単位10億ドル）

途上国援助額の国民総生産にしめる割合(1997年)	
デンマーク	0.97
ノルウェー	0.86
オランダ	0.81
フランス	0.45
スイス	0.34
ドイツ	0.28
オーストラリア	0.28
イギリス	0.26
ニュージーランド	0.26
日本	0.23 （単位%）
アメリカ	0.09 （「朝日学習年鑑2001」より作成）

資料2

分野別に見た日本と世界の援助			
日本の援助 (1998年)	29.9%	37.8%	7.4%	24.9%
援助国の平均 (1998年)	43.9%	17.7%	9.4%	29.0%

食料、住居、衣服、上下水道、病院、学校など人びとの日常生活のための援助
ダム、発電所、空港など規模が大きく、産業さかんにするための援助
石油、鉱山の開発、製鉄など鉱工業のための援助
その他

（外務省の資料より作成）

（2002年海城中学校入試問題〈一部抜粋〉より）

次の文章を読んで、以下の問いに答えなさい。

20世紀はしばしば「戦争の世紀」だと言われてきました。確かにこの時代に人類は、それまでにない二つの大きな戦争を経験しました。戦争はなぜ起こるのか、どうしたら防げるのか、人類は反省をし、さまざまな試みを重ねてきました。二つの大きな戦争は、他国の領地を占領し、またそれをお互いに取り合うことから始まりました。戦争が終わっても、その「負の遺産」は残りました。アフリカ大陸では1990年にナミビアが南アフリカ共和国から独立を達成したことにより、ようやく植民地と呼ばれる土地はなくなったと言われました。中国でも1997年の旧イギリス領の香港に続いて1999年末に旧ポルトガル領のマカオが返還され、ようやく植民地支配は終わったと言われているのです。

しかし、それでも問題は残りました。アフリカの地図を見てみると、ところどころに地球の緯線や経線に平行な国境線が見られます。またアジア・アフリカ諸国の一部では、現在も農業や漁業などの第一次産業中心の経済構造が続いており、国民の生活も安定していません。

問1 下線部 ❶ について、アフリカの国境線は、植民地時代にひかれたものが多い。その結果、どのような問題がおこっているか、20字以内で説明しなさい。

問2 下線部 ❷ について、アジア・アフリカ諸国に限らず、発展途上の国々では、地下資源に頼っている国が多い。これらの国々が自国の利益を守るために行っていることを、具体例をあげ、30字以内で説明しなさい。

NO MORE WAR!!

社会

（2003年渋谷教育学園渋谷中学校入試問題より）

2003年

マニフェスト ◀ 流 行 語 ▶ チョー気持ちいい

世界水フォーラム日本で開催 新型肺炎SARSが流行 ◀ 出 来 事 ▶ アテネ五輪 イラク復興支援のために自衛隊派遣

宮城県北部連続地震 ◀ 大きな自然災害 ▶ 新潟県中越地震

2004年

次にあげる例文のうち、「ジェンダーフリー」の観点からみて、あなたが問題があると思うものを一つ選び、どのような点が問題だと思うかを説明して下さい。

※ジェンダーフリーとは：
「男」「女」という生物的な性のちがいに関して、「男らしさ」「女らしさ」といったような決まった見方をしないようにすることを指す。

あ 学校の名簿は男子が先になっているので、並ぶときもいつも男子が前だ。

い 児童会長は男子で、副会長は女子と決められている。

う 女子が黒いランドセルを買ったら、「女のくせに」とからかわれた。

社会

（2004年光塩女子学院中等科入試問題より）

SDGs採択後の入試問題は、以前のものとどんなちがいがあるかな。

資料1は、持続可能な開発目標（SDGs）の一つである「ジェンダー平等を実現しよう」というアイコンです。ジェンダーとは、社会的・文化的につくり上げられた性別に対するイメージのこと、このアイコンはその決めつけられたイメージから自由になることを求めています。
資料2は、私たちが日常でよく目にするトイレのピクトグラムですが、ジェンダーの視点から問題が指摘されることがあります。

問 資料2の何が問題とされるのか、考えて説明しなさい。

未来をつくる私学の学び
シカク いアタマを マルくする。
晃華学園中学校
中学入試問題
2018年（社会）

トイレマークの"？"？。

資料1　　資料2

5 ジェンダー平等を実現しよう

（2018年晃華学園中学校入試問題より）

昨年の夏を迎えるころ「クールビズ」といって、ネクタイや上着を身につけない身なりをしましょうというよびかけを環境省という役所がしましたが、環境省のよびかけの目的は何ですか。説明しなさい。

2006年

（2006年清泉女学院中学校入試問題より）

クールビズ ◀ 流　行　語 ▶ メタボリックシンドローム（メタボ）

京都議定書が発効　ロンドン同時多発テロ ◀ 出　来　事 ▶ 憲法公布から60年　日本の総人口が減少

インドネシア　スマトラ沖地震 ◀ 大きな自然災害 ▶ 平成18年豪雪

2005年

アメリカのアリゾナ州でシカを保護するために、その外敵であるピューマは1907〜1939年に816頭、オオカミは1907〜1923年に11頭（1926年に絶滅）、コヨーテは1907〜1939年に7388頭が捕獲されました。図はその期間に調べられたシカの数の変化を示したものです。

問 このグラフから読み取れることと同じように理解することができる出来事はどれですか。2つ選びなさい。

①千葉県の手賀沼では水質悪化が原因で、アオコが増えた。
②イネに害を与えるという理由でスズメを大量に駆除したところ、イネの害虫の数が増え、かえって米の収穫量が減った。
③太平洋の沿岸部に時々赤潮が発生し、その水域が酸素不足になって魚が大量に死に、魚の数が減少した。
④アメリカから持ち込まれたアメリカザリガニが水田に住みついた結果、日本にもともといたザリガニの数が極めて減少した。
⑤アリはアブラムシを外敵から守り、アブラムシはアリに甘露（ミツ）を与えて、利益を与え合いながら、たがいに数を増やしている。
⑥巣をつくる場所を積極的に保護するようになって、近近、保護鳥のオオタカの数が増えている。
⑦ラムサール条約に登録されている谷津干潟には、冬になると数多くの水鳥がやってくるようになった。
⑧ブルーギル（魚類）のように、外国から日本に持ち込まれた生物は、日本の外敵がいないので、爆発的にその数が増えることが多い。
⑨ニホンザルは日本のいくつかの地区では観光客が餌を与えるので、その数が増えすぎて、多くの被害が生じている。
⑩イワシは、日本近海で多量に漁獲された結果、数が激減している。

（2005年市川中学校入試問題より）

10年の時を経て、同じ学校から出題された問題なんです！

2015 市川中学校からの出題

日本の森林では、シカが増加したことで樹木への食害がおこっています。そこで、人間はシカをとらえて個体数を減らそうとしていますが、人手不足などによって十分な対策がとられていません。

問 自然のしくみを利用して、シカの増加を防ぐために考えられる方法は何ですか。

（2015年市川中学校入試問題より）

「日本はレジ袋を廃止すべきである。是か非か。」という論題で、ディベートが行われました。レジ袋とは買い物などで、商品を運ぶために街の商店やスーパー、コンビニから受け取る手提げ袋のことです。それぞれ肯定側と否定側に分かれ論戦を繰り広げましたが、わずかの差で肯定側の勝利となりました。

問 下線部の否定側の主張を解答用紙のわく内で答えなさい。

社会

（2007年渋谷教育学園幕張中学校入試問題より）

この問題がつくられた翌年（2020年）、日本ではレジ袋がとうとう有料化されたんだね。

問 （図）は、ウミガメが食料としているクラゲの写真です。近年、ウミガメが海洋にただよっているビニール袋をクラゲとまちがえて食べてしまい、それが原因で死んでしまうことが問題となっています。ウミガメをそのような被害から救うためにどのようなビニール袋をつくればよいと思いますか。あなたの考えを50字以内で答えなさい。ただし、ビニール袋として通常使用できる便利さは失わないものとします。

未来をつくる私学の学び
シカクいアタマをマルくする。
芝浦工業大学附属中学校 中学入試問題 2019年（理科）

（2019年芝浦工業大学附属中学校入試問題より）

2008 学習院女子中等科入試問題より

東京などの都市化が進んだ地域では、気候環境だけではなく、水環境にも影響がおよぶようになった。都市化が進んだ地域では、川の水が急激に増水して洪水になったり、雨水が下水管からあふれ出る都市型水害が起きやすくなった。

問 下線部について、都市化が進んだ地域で都市型水害が起きやすくなった理由を説明しなさい。

社会

（2008年学習院女子中等科入試問題より）

2008年

水は私たちの生活に欠かすことができないもの。私はどうやって水とつきあっているのかな。

（2019年世田谷学園中学校入試問題より）

理科

地球温暖化の原因の一つは空気中の**二酸化炭素**が
増加していることであると考えられています。
また、二酸化炭素が**増加しているおもな原因**は、
化石燃料を消費していることと、
森林の面積が減少していることであると
考えられています。

二酸化炭素の**これ以上の増加を止める対策**としては、
化石燃料の消費量を減らすことが考えられますが、
**現在空気中にある二酸化炭素を
減らすことにはなりません。**

また、**森林の面積を増加**させれば**森林の成長中**には
二酸化炭素を**減少**させる効果も期待できますが、
やがては森林の成長は止まってしまうので、
それ以上は二酸化炭素を減少させることはできません。

問 **現在空気中に存在している二酸化炭素を
減少させるためにはどのような方法が考えられますか。
あなたの考えを述べなさい。**

2010年
中学入試問題
頌栄女子学院
中学校
からの出題

〜未来へのチカラ〜

2010年

シカクい
アタマを
マルくする。

日能研

（2010年頌栄女子学院中学校入試問題より）

ファストファッション ◀ 流 行 語 ▶ 〜なう

政権交代　新型インフルエンザ（WHOがパンデミック宣言）◀ 出 来 事 ▶記録的な猛暑　ギリシャ財政危機とＥＵ

駿河湾地震 ◀大きな**自然災害**▶ エイヤフィヤトラヨークトルの噴火

2009年

シカクい**アタマ**を
マルくする。
〜未来へのチカラ〜

国語

中学入試問題は、子どもたちの"未来へ進むチカラ"を試しています。そこには、各中学の「こんなチカラを持った子どもを育てたい」というメッセージが込められています。

日能研
問題解説・解答は、こちらで。
www.nichinoken.co.jp

2009春 山脇学園中入試問題（一部改題）より

次の文章を読んで、後の問いに答えなさい。

企業は自らが生き残るために、常に大変な思いで新しい事業を見つけて切り開いている。

しかし、新しいアイデアを出し続けるのは困難だ。どのアイデアも似たりよったり。そんな時、昔の事業を現代風にすることで、新たな道が開けることがある。

昔の着物の生地を使ったドレス、□、昔ながらの「かまど炊き」を再現した炊飯器など、多くの「古くて新しい」アイデアが企業の核心を担っている。

問 □ に入るようなアイデアを自分で考えて答えなさい。

（2009年山脇学園中学校入試問題より）

（2011年鎌倉女学院中学校入試問題より）

絆　3.11◀　流 行 語　▶東京ソラマチ

世界人口70億人突破　アラブの春◀　出 来 事　▶山中さんノーベル賞受賞　シチリア内戦激化

東日本大震災 ◀大きな自然災害▶ スマトラ島沖地震

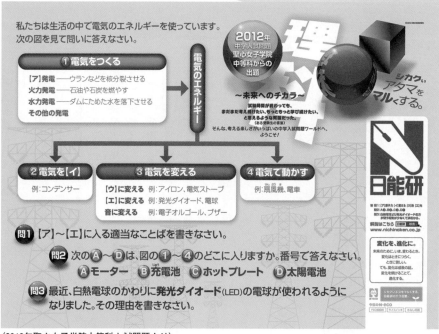

（2012年聖心女子学院中等科入試問題より）

（問）大切なことを教えられたあなたの体験について、三百字以内で作文を書きなさい。

「縄文杉を見に行く奴は悪人ですよ」
この言葉はつきの日の夕方のことだった。縄文杉はあきらめて綾さんの案内で標高千メートルあたりの原生林を数時間歩いて帰ったときに、前の日の私との会話の答えのようにして言われた言葉であった。

縄文杉、縄文杉と言いつづけていた私は、冷水をかけられたようだった。

（中略）

数千年の巨樹を、そっと、そのままにしておきたい、いずれは枯死するであろうが、人間が余分なことをしないで、自然のいのちの盛衰にまかせたい。七千二百年と言われる巨樹が奥山で生きつづけることを、その山ふもとの里にいて思うだけでよい。川崎さんの気持ちはそういうところにあるようだった。

私は恥じた。浮かれたように、縄文杉、縄文杉といっていた自分を恥じた。せっかく屋久島まで来て縄文杉が見られず残念、などと言っていた自分が、ひどく薄っぺらな者に思えた。

（2014年不二聖心女子学院中学校入試問題より）

アベノミクス ◀ 流行語 ▶ ありのままで

2020年東京五輪決定 ◀ 出来事 ▶ ノーベル平和賞にマララさん

中国でPM2.5が深刻化 ◀ 大きな自然災害 ▶ 御嶽山噴火

（問）地球の環境を大切にするためにまずは、身近な取り組みが必要です。環境を守る運動を聖セシリア女子中学校の生徒全員で行うとしたら、あなたはどのようなことができると考えますか。

図①・②のうちどちらかを選んで、あなたがリーダー（提案者）、参加者は生徒全員とし、活動のテーマと内容を自分で考え、企画書（計画書）をつくってください。

（2013年聖セシリア女子中学校入試問題より）

100

2014年6月に、ニホンウナギは国際自然保護連合に絶滅危惧種の指定を受けました。ウナギの生態はわかっていないことも多く、産卵場所についてグアム島に近いマリアナ諸島の西側の沖であることがわかったのも、2006年と最近のことです。ウナギは海と川を行き来する魚であり、南の海でふ化したウナギが海流にのって日本まで来て、日本の河川で成長します。現在、私たちが食べているウナギのほとんどは養しょくによるものですが、養しょくといっても卵から育てるのではなく、ウナギのち魚である「シラスウナギ」を海や川からつかまえてきて、養しょくを行っています。

問 シラスウナギが産卵場所からどのような経路で日本へ来るのかはわかってきていますが、ニホンウナギの親が産卵場所へどのように戻るのかは、まだわかっていません。あなたが研究者なら、どのような方法で調べたらよいと考えますか、説明しなさい。

2015年
中学入試問題
実践女子学園中学校
からの出題

（2015年実践女子学園中学校入試問題より）

爆買い◀　流　行　語　▶PPAP

18歳選挙権　外国人観光客増加◀　出　来　事　▶パリ協定採択　イギリスのEU離脱決定

ネパール地震◀大きな自然災害▶熊本地震

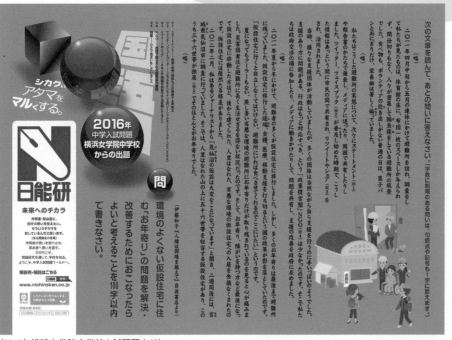

次の文章を読んで、あとの問いに答えなさい。（字数に制限のある問いは、句読点や記号も一字に数えます。）

二〇一一年四月中旬から五月の連休にかけて避難所を訪れ、調査をして私たちが目にしたものは、体育館の床に、布団一枚のスペースしか与えられず、間仕切りもなく、人々が密集して雑魚寝をする避難所の風景でした。食べ物も、ボランティアの炊き出しがない普通の日は、菓子パンとおにぎりだけ。栄養価は著しくかたよっていました。

私たちはこうした避難所の実情について、次々にステートメント（※1）や報告書のかたちで発表し、メディアに送ったり、周囲で共有したりした時期もありました。ツイッター（※2）に書いたり、リツイートやシェア（※3）され、活用されたり。フェイスブック（※4）が普及した時期、こうした情報はたちまち広まるようになり、メディアに働きかけたり、問題を共有し、当時、様々な支援団体が活動していたというか、「政策提言型」NGO（※5）を多くの団体は当然ながら自ら支援を行うのではなく、支援の改善を政府に求めました。

二〇一一年夏から冬にかけて、避難者の多くが仮設住宅に移行する過渡期。食糧、医療、移動を打ち切られる国の政策が始まりますが、仮設住宅に長く住まなくてはいけない。夏になってもクーラーもない。蒸し暑い劣悪な環境の避難所だけが取り残されているのを見ると心が痛みました。お年寄り、障がい者など弱者が手厚く対応されている避難所の仮設住宅への入居を余儀なくされたのです。しかし、多くの仮設住宅の入居。そして、お年寄り、障がい者が入るのに苦しいばかりか、弱者を切り捨てられていくのではないか、という状況だったです。二週間後には、宮城県気仙沼市に調査に行っていましたが、そこでは、人里はなれた山の上に五十六世帯を収容する仮設住宅があり、そのうち三十六世帯が独居（※）でした。

（伊藤和子『人権は国境を越える』岩波書店より）

問 環境のよくない仮設住宅に住む「お年寄り」の問題を解決・改善するためにおこなったらよいと考えることを100字以内で書きなさい。

（2016年横浜女学院中学校入試問題より）

101

使用済みのペットボトル（容器）の多くは、自治体が資源ごみとして回収したり、スーパーマーケットやコンビニエンスストアをはじめとする事業者が回収したりします。次のグラフはペットボトルの販売量と回収量を年度ごとにまとめたものです。このとき、次の各問いに答えなさい。

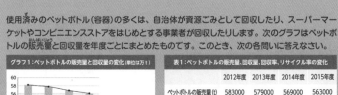

グラフ1：ペットボトルの販売量と回収量の変化（単位は万t）

表1：ペットボトルの販売量、回収量、回収率、リサイクル率の変化

	2012年度	2013年度	2014年度	2015年度
ペットボトルの販売量(t)	583000	579000	569000	563000
回収量(t)	527000	529000	532000	520000
回収率	90%	91%	93%	92%
リサイクル率	85%	86%	83%	87%

（PETボトルリサイクル推進協議会「統計データ」より作成）

問1 回収され、リサイクルに回されたペットボトルは一度細かくくだいてから、さまざまなものに再加工され、商品化されます。リサイクルに回された量のうち、15%がまたペットボトルとして商品化されます。2013年度に再度ペットボトルとして商品化された量は何tになるか答えなさい。

問2 前の年度に比べて、回収量が減っても、回収率は上がることがあります。それはどういうときか説明しなさい。

2018年

（2018年自修館中等教育学校入試問題より）

インスタ映え ◀ 流 行 語 ▶ #Me Too

天皇退位法の成立　トランプ政権発足 ◀ 出 来 事 ▶ 働き方改革関連法案成立　アメリカ抜きてTPP11が発効

九州北部豪雨 ◀ 大きな自然災害 ▶ 西日本豪雨　北海道地震

2017年

（2017年駒場東邦中学校入試問題より）

今まで算数を学んできた中で、実生活において算数の考え方が活かされて感動したり、面白いと感じた出来事について簡潔に説明しなさい。

ある国では、2035年末に人口が1億1700万人て、国民の3人に1人が高齢者になり、2060年末に人口が8700万人て、国民の2.5人に1人が高齢者になると予想されています。この予想通りになった場合について、次の問いに答えなさい。
ただし、65歳以上の人を高齢者と呼ぶことにします。

問 2035年末以降、この国の人口と高齢者の1年ごとの増加数または減少数が一定てあるとすると、初めて高齢者が国民の半分より多くなるのは何年末ですか。

（2016年カリタス女子中学校入試問題より）

次の文章は新聞の記事からとったものです。読んで、問いに答えなさい。

花粉症の対策、林業不振が壁
スギ新品種へ植え替え進まず

花粉症患者にとって憂鬱な季節が今年もやってくる。春になると大量に舞うスギ花粉は、高度成長期に一気に整備された人工林が大きな原因とされる。林野庁は花粉が少ない新品種を開発し、スギ花粉の撲滅をめざす。ただ国産木材の利用が活発にならないと、新品種への植え替えも進まず、宝の持ち腐れになりかねない。

（略）

国内の林業の低迷で国産材が伐採されないからだ。

木材の生産額は40年前に比べて7割も減った。輸入木材などに押されてスギの木材価格は80年をピークに低下し、現在は3分の一の水準に落ち込んでいる。事業者にとっては厳しい環境だ。

（略）

国勢調査によると林業従事者は5年時点で約4万5千人と5年前より一割減った。この傾向を反転させるには、木材を伐採し、活用するという両面を活性化させることが急務だ。

（略）

（日本経済新聞 2018年1月11日朝刊）

問 あなたはスギの「国産材」が現在よりも活用されるようになるためにどんな方法を提案しますか。具体的な提案を書きなさい。

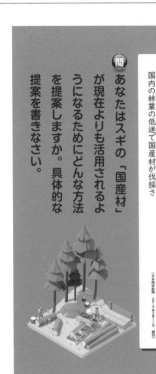

（2020年関東学院六浦中学校入試問題より）

2020年

? ◀ 流 行 語

新型コロナウイルス（WHOがパンデミック宣言） ◀ 出 来 事

令和2年7月豪雨 ◀ 大きな自然災害

2020年

問 災害を予防するために市町村ではハザードマップ（被害予測地図）を作っています。図1はある地域の明治期の地図で、図2は同じ地域の現在の地図です。また、図3は図2にこの地域のある自治体のハザードマップから想定しん水域を重ねたものです。地図中の ―― は川を、●● は大規模なこう水があったとき深さ0.1m以上のしん水の可能性がある場所を示しています。これらの地図からどのような場所がこう水の心配があるのか、答えなさい。

（今昔マップ on the web および 国土地理院ウェブサイト より作成）

（2020年学習院中等科入試問題より）

年度別に見るSDGsと関わる中学入試問題

　右のグラフは、SDGsと関わる中学入試問題の年度ごとの出題数を表したものです。本年度は国語と理科では出題数が減少したものの、SDGsと関わる中学入試問題が出題される傾向は続いています。

　過去4年分のSDGsと関わる中学入試問題の学校ごとのテーマを一望すると、出題されたゴールの割合が年ごとにちがっていることも見てとれます。たとえば、2017年度入試では、目標11「住み続けられるまちづくりを」が多く出題されていました。また、2020年にはプラスチックごみに関する出題や、目標12「つくる責任つかう責任」や目標14「海の豊かさを守ろう」の2つのゴールに関しての出題も多くありました。SDGsと関わる入試問題を出題している学校の一覧を見ていきましょう。

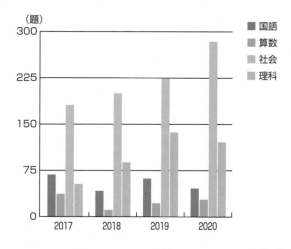

年度別科目別出題数 ※大設問と小設問の合算

凡例：国語／算数／社会／理科

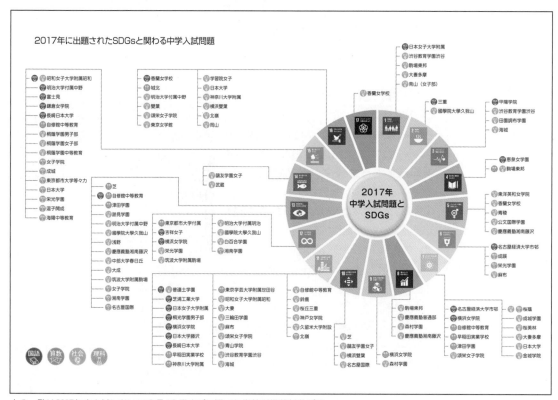

上の一覧は2017年度入試において2月10日までに調べた学校が掲載対象です。

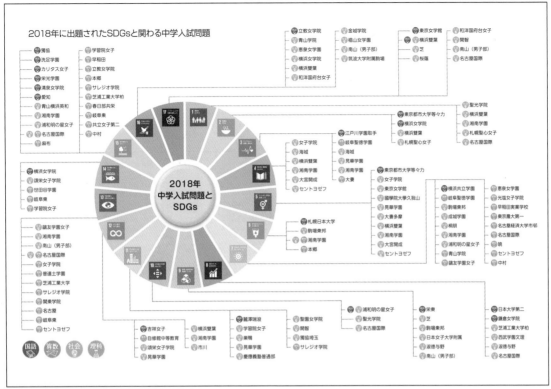

上の一覧は2018年度入試において2月10日までに調べた学校が掲載対象です。

上の一覧は2019年度入試において2月10日までに調べた学校が掲載対象です。

2020年に出題されたSDGsと関わる中学入試問題

※2月17日までに調べた学校が対象となっています。
この他にも多くの学校でSDGsに関わる問題が出題されています。

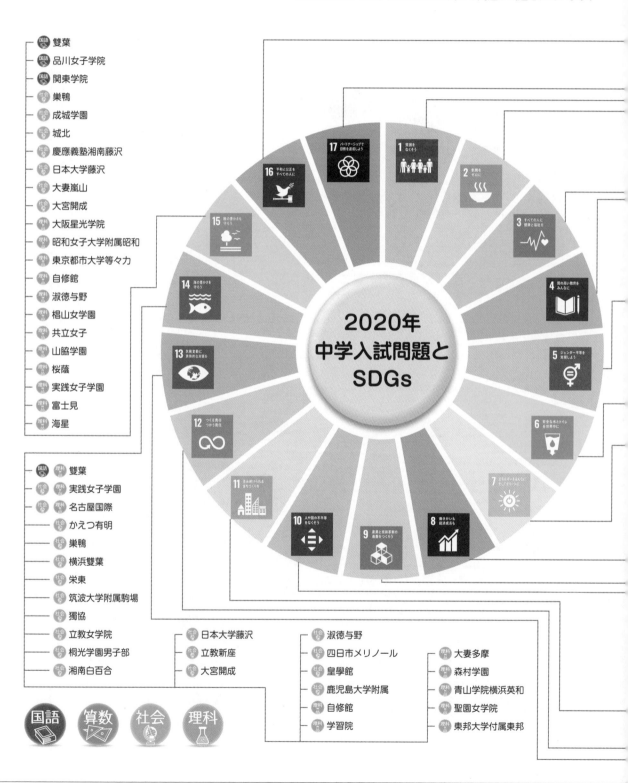

- 国語 雙葉
- 国語 品川女子学院
- 国語 関東学院
- 社会 巣鴨
- 社会 成城学園
- 社会 城北
- 社会 慶應義塾湘南藤沢
- 社会 日本大学藤沢
- 社会 大妻嵐山
- 社会 大宮開成
- 理科 大阪星光学院
- 理科 昭和女子大学附属昭和
- 理科 東京都市大学等々力
- 理科 自修館
- 理科 淑徳与野
- 理科 椙山女学園
- 理科 共立女子
- 理科 山脇学園
- 理科 桜蔭
- 理科 実践女子学園
- 理科 富士見
- 理科 海星

- 国語 理科 雙葉
- 社会 理科 実践女子学園
- 社会 理科 名古屋国際
- 社会 かえつ有明
- 社会 巣鴨
- 社会 横浜雙葉
- 社会 栄東
- 社会 筑波大学附属駒場
- 社会 獨協
- 社会 立教女学院
- 社会 桐光学園男子部
- 社会 湘南白百合

社会 日本大学藤沢	社会 淑徳与野	理科 大妻多摩
社会 立教新座	社会 四日市メリノール	理科 森村学園
社会 大宮開成	社会 皇學館	理科 青山学院横浜英和
	社会 鹿児島大学附属	理科 聖園女学院
	理科 自修館	理科 東邦大学付属東邦
	理科 学習院	

国語 算数 社会 理科

107

データで見るSDGsと中学入試問題

　国連でSDGsが採択された2015年から5年が経とうとしています。中学入試では、SDGsが採択されるずっと前から、たくさんの学校でSDGsに関する問題が出題されてきました。日能研では毎年、全国で実施された入試問題一つひとつに細かく目を通しています。出題された問題について、内容や解答形式、頭の動かし方といった視点で、出題フラグと呼ばれる目印をふって入試問題の分析を行っているのです。2017年からは、SDGsの各目標の出題フラグもふられるようになりました。2017年から2020年までの4年間に出題されたSDGsに関する問題について、出題フラグをもとにまとめたものが、次のグラフです。

大設問単位　2017〜2020年の出題

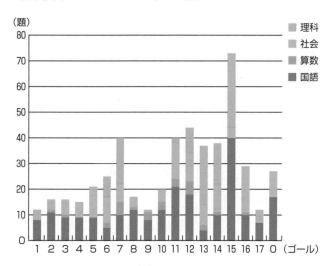

小設問単位　2017〜2020年の出題

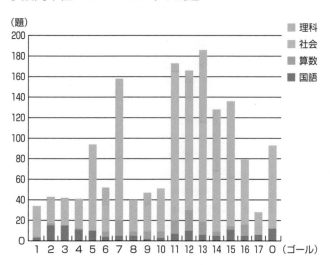

　SDGs出題フラグには、二通りあります。ひとつは、大設問とよばれる①、②……といった問題のかたまりごとにふられるフラグです。もうひとつは、大設問の中をさらに細かく分けた(1)、(2)や問1、問2……といった小設問とよばれる問題にふられるフラグです。

　大設問フラグと小設問フラグで累計した結果を比較すると、少し不思議なことが起こります。小設問フラグでは、国語の出題数が減少します。これは、素材文のテーマがSDGsに関わる内容であっても、小設問の中にはSDGsに関する問いが少ないことがあるからです。また社会では、大設問で出題がなかったゴールについても、小設問での出題が見られます。これは、全体の素材はSDGsとは関係がないけれど、小設問としてSDGsが取り上げられていることがあるからです。理科と算数については、大設問単位よりも小設問単位の方が出題数が多くなります。

まず、国連広報センターから出されている「SDGs17の目標を支える５つの要素」と日能研がふった出題フラグをもとに、過去４年にわたる入試問題データをまとめていきます。「SDGs17の目標を支える５つの要素(以下、ファイブＰ)」を軸として、どのような問題が出されていたのかをみていきましょう。人間(People)、豊かさ(Prosperity)、地球(Planet)、平和(Peace)、パートナーシップ(Partnership)は、科目とどのようにつながっているのでしょう。

人間 （**P**eople）
あらゆる形態と次元の貧困と飢餓に終止符を打つとともに、すべての人間が尊厳を持ち、平等に、かつ健全な環境の下でその潜在能力を発揮できるようにする。

豊かさ （**P**rosperity）
すべての人間が豊かで充実した生活を送れるようにするとともに、自然と調和した経済、社会および技術の進展を確保する。

地球 （**P**lanet）
持続可能な消費と生産、天然資源の持続可能な管理、気候変動への緊急な対応などを通じ、地球を劣化から守ることにより、現在と将来の世代のニーズを充足できるようにする。

平和 （**P**eace）
恐怖と暴力のない平和で公正かつ包摂的な社会を育てる。平和なくして持続可能な開発は達成できず、持続可能な開発なくして平和は実現しないため。

パートナーシップ （**P**artnership）
グローバルな連帯の精神に基づき、最貧層と最弱者層のニーズを特に重視しながら、すべての国、すべてのステークホルダー、すべての人々の参加により、持続可能な開発に向けたグローバル・パートナーシップをさらに活性化し、このアジェンダの実施に必要な手段を動員する。

ここからは、ファイブＰを軸として、大設問での出題をひもといていきましょう。

考えてください。

全ての科目で出題されたSDGsの問題を合計したとき、

もっとも多く出題されたファイブＰは、５つのうちのどの軸でしょうか。

次のページに進む前に、ほんの少しだけ……。

ファイブP別　2017〜2020年の大設問出題数

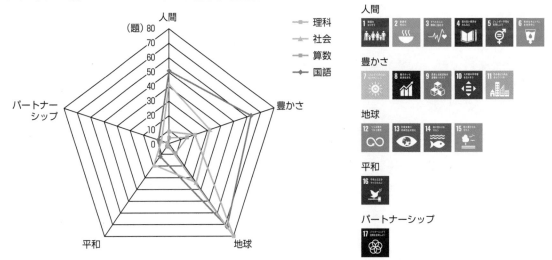

（題）人間 80 / 70 / 60 / 50 / 40 / 30 / 20 / 10 / 0
パートナーシップ　豊かさ　平和　地球

凡例：理科／社会／算数／国語

人間　豊かさ　地球　平和　パートナーシップ（SDGsアイコン）

　すべての科目を合計すると、ファイブ**P**のうち、もっとも出題が多かったのは地球（Planet）に関する問題でした。またもっとも出題数が少なかったのは、パートナーシップ（Partnership）に関する問題です。

　算数と理科ではパートナーシップ（Partnership）についての出題は、１題もありません。また、理科では平和（Peace）に関する問題は、取り上げられていませんでしたが、算数では2017年に城北中学校で出題されました。生徒の中から委員を選ぶために選挙を行うということが題材になっています。公正な選挙を考えることは、平和を築くことにつながります。

平和（Peace）を題材にした算数の問題

⑤ 130名の生徒から、３人の委員を選ぶために選挙を行うことになりました。Ａさん、Ｂさん、Ｃさん、Ｄさん、Ｅさん、Ｆさんの６人が立候補して、130人全員が１人１票を６人のうちだれかに投票をします。
　ただし、投票で委員が３人に決まらない場合でも再投票は行いません。
　次の問いに答えなさい。

(1)　この選挙の投票が終わり、開票作業中にＫ先生とＹ先生が次のような会話をしました。会話文の[　　]に入る適切な数を答えなさい。ただし、[　　]の記号が同じ場合には同じ数が入ります。

Ｙ先生　「Ａさんが確実に委員に選ばれるのは、130を３で割ると商は43あまりは１なので、44票入れれば確実ですね。」

Ｋ先生　「そんなに多くの票がＡさんに入らなくても確実に委員に選ばれますよ。上から３番目の票数が入ればよいわけですから、[ア]人の人に１票も入らないと考えて、[イ]人の人に130票がすべて投票されるとすると、130を[イ]で割ると商は[ウ]、あまりは[エ]なので、Ａさんに[オ]票入れば、４番目に票が多い人は[カ]票以下の票数となりますからＡさんは確実に委員に選ばれますよ。」

　ここで、２人の先生に100票開票した結果が手元に届きました。それが右の表１です。
　この結果を見てからの２人の先生の会話は次の通りです。

表１
立候補者	A	B	C	D	E	F
票数	16	15	20	12	24	13

Ｙ先生　「この途中経過から考えると、Ａさんが確実に委員に選ばれるにはあと[オ]から16を引いた数だけ票が入ればよいと言うことですね。」

Ｋ先生　「この途中経過ではＡさんは上から３番目の票数なので、Ｙ先生の考えているほど票が入らなくても確実に委員に選ばれますよ。この段階でＤさんとＦさんには残りの30票で１票も入らないと考えて、[キ]を[イ]で割ると商は[ク]、あまりは[ケ]なので、Ａさんはあと[コ]票入れば確実に委員に選ばれますね。」

(2)　さらに10票開票したところ表２のような結果になりました。Ａさんはあと何票入れば、確実に委員に選ばれますか。

表２
立候補者	A	B	C	D	E	F
票数	19	16	21	12	29	13

城北中学校　2017年算数⑤

　ファイブ**P**すべてが出題されていたのは国語と社会。細かく目を向けると、出題数が最も多かったものは国語では地球（Planet）、社会では人間（People）でした。

ファイブP別　2017～2020年科目大設問出題率

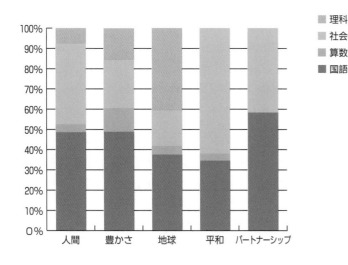

凡例：
- 理科
- 社会
- 算数
- 国語

（グラフ縦軸：0%～100%、横軸：人間、豊かさ、地球、平和、パートナーシップ）

ファイブP別に科目出題率をみるとどのような傾向があるでしょう。ファイブPそれぞれに出されていた問題数をもとにして、科目別の出題割合を出すと、左のグラフのようになります。

どの要素でも算数の出題数が少ないことは、一目瞭然です。それでは、算数の学びはファイブPの実現に関係が少ないといえるでしょうか。

日能研では、算数は全ての学びの下地となっており、ファイブPとの結びつきは強いものであるととらえています。国語の読解においても、数値を使った情報の読み取りは欠かすことができないものとなってきています。たとえば2019年、東京都市大学等々力中学校（国語）では、新聞や白書などの資料を使った気候変動に関する出題がありました。科目を超え、科目を融合した視点で出される問題は増加傾向にあります。このようにみると、算数の学びはファイブPと結びつきが強いものであるととらえているのです。

少し話がそれますが、SDGs17の目標をつくり上げるプロセスでは「目標4 教育」さらには、その中のターゲット4.7を入れる必要があるのかということが議論になったといいます。この議論が起こった背景の一つには、"「教育」は行われていて「あたり前」だ"という思いがあったのかもしれません。「目立つもの」と「あたり前のもの」があるとき、あたり前のものは土台であるために、見のがされてしまうことがあるのです。SDGsに関わっている私学の生徒達からはいつも、SDGs17の目標を達成するために「私が学ぶ」ということが欠かせないという声があがります。「目標は良質なプロセスをつくりだすために設定されたものだ」ととらえたとき、土台となるものとして「教育」があることはとても大きな力となります。

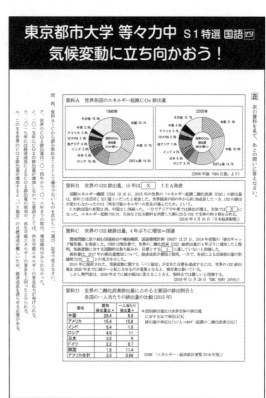

次に、SDGsウェディングケーキモデルと日能研がふった出題フラグをもとに、過去４年にわたる入試問題データをまとめていきます。SDGsウェディングケーキモデルは、ストックホルム・レジリエンス・センター所長を12年間務めたヨハン・ロックストローム氏が提唱したモデルです。このモデルでは、SDGsの17の目標が自然環境、社会、経済の３つの項目に分けられています。自然環境をベースに私達の社会は成り立ち、その社会の中で経済活動が営まれています。そして、自然環境、社会、経済を貫くのがパートナーシップであると、このモデルは考えます。あるひとつのゴールは、別のたくさんのゴールとの関係によって達成されていくのです。

自然環境、社会、経済はどれも人が生きていくために欠かせないものです。SDGs17のゴールを人類が達成するためには、人と人とのつながりが大切になってくるのですね。

SDGsウェディングケーキ

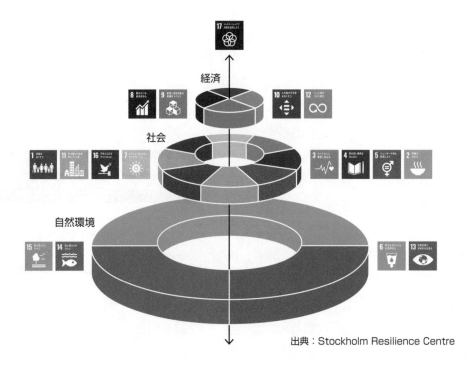

出典：Stockholm Resilience Centre

考えてください。

「SDGsウェディングケーキモデル」に示された、自然環境、社会、経済の３つの項目について、どの科目に、どの目標と関わりの深い問題が出題されていると思いますか。

次のページを読み進む前に、ほんの少しだけ……。

下のグラフは、自然環境、社会、経済の3つの項目ごとに見た、科目別大設問出題率を示しています。自然環境、社会、経済の3つの項目に関して、どの科目でも出題されていることがわかります。

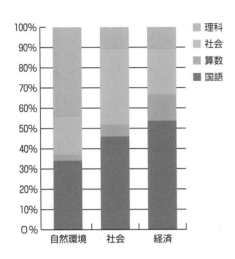

一方で、3つの項目ごとに出題される科目に傾向があることが見えてきます。

自然環境に関係する出題率が高いのは理科、社会に関係する出題率が高いのは国語と社会、経済に関係する出題率が高いのは国語となっています。

また、どの項目でも算数の出題率が低くなっています。先述したとおり、日能研では、算数はSDGsを達成することとの結びつきは強いととらえています。算数は「考えるための筋道をはっきりさせることができる」ことを学ぶ科目であるからです。

次に示されているのは、科目ごとの出題数を自然環境、社会、経済の3つの項目別に示したグラフです。

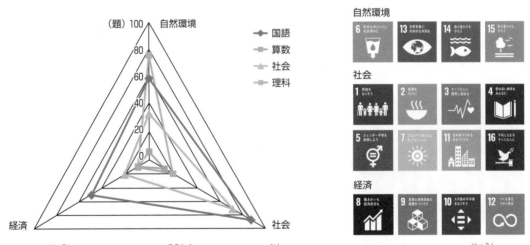

社会の入試問題では3つの項目のうち社会に関する出題が多くなること、理科の入試問題では3つの項目のうち自然環境に関する出題が多くなることは、予想の範囲内でした。

SDGsに関する出題数が最も多かったのは国語です。経済に関する出題では、科目別大設問出題率が50％を超えました。なぜ国語の入試問題において、経済に関する出題が多いのでしょう。

それは、経済に関係する目標の中に、目標10「人や国の不平等をなくそう」や、目標12「つくる責任つかう責任」が含まれており、国語の入試問題に使われる文章では、上記2つの目標に関する内容が多くみられるからです。

通常、入試問題に使われる文章は出版されている本から抜粋されますが、2020年度の山脇学園中では、学校の先生が書き起こした食品ロスに関する文章をもとに、食品ロスを削減する具体的な方法を自ら考える問題が出題されていました。

山脇学園 A 国語 三
「食品ロス」を削減する具体的な方法

三 次の文章を読んで、後の問いに答えなさい。

「食品ロス」という言葉を聞いたことがありますか。まだ食べられる食品が捨てられてしまうことです。

食品ロスには様々な原因があります。生産地では、見た目①の悪いaキカク外の野菜などは出荷されずに処分されます。小売店では、クリスマスケーキのようなイベント用の商品が、売り切れを防ぐために多めに用意され、廃棄されています。また、最近では人目をひく写真を撮るために、過度な大盛りや品数の料理を頼んで残すという消費者側の問題もあります。

農林水産省の推計によると、日本で一年間に出る食品ロスの量は、六四三万トン以上とされています。これは、飢餓に苦しむ人々への世界の食料援助量の一・七倍にもなります。多くの食品を廃棄している一方で、七人に一人の子どもが食事に困っています。この状況は A に考えて見過ごすことができません。また、焼却する際に出る二酸化炭素や灰が環境に大きな影響を与えます。

二〇一五年、国連サミットで「持続可能な開発」が採択されました。「持続可能な開発」とは、環境bホゼンを考えつつ、将来の世代も現在の世代もcマンゾクするような開発のことです。それを実現するための世界目標は、十七のゴールと百六十九のターゲット（達成基準）で構成されており、地球上の誰一人として開発から取り残さないことを誓っています。

それをふまえ、日本では食品ロスを二〇三〇年までに、二〇〇〇年の廃棄量から半減させるという目標を設定しました。企業や飲食店でも、様々な取り組みが始まっています。しかし、それだけでは問題の解決にはなりません。私たち一人一人がこの問題を自分のこととして考え、解決に向けて努力することが必要なのです。

（山脇学園作成）

問五 本文の内容として最も適当なものを、次のア〜エから選びなさい。
ア 食品ロスは企業や飲食店の問題ではなく、私たち個人が解決していかなければならない問題である。
イ 消費者は、食品ロスの多くを出している企業や小売店の立場に立って問題を考える必要がある。
ウ 私たちは食品ロスを自分自身が関わる問題としてとらえ、減らしていかなければならない。
エ 企業や小売店は多くの食品ロスを出している義務がある。

問六 食品ロスを削減する具体的な方法を、自分で考えてまとめなさい。その際に、次の(1)・(2)の条件を全てみたして答えなさい。
(1) 「消費者」以外の「生産地」「企業」「小売店」「飲食店」が原因となっている食品ロスについて答えなさい。
(2) 具体的な食品ロスの例をあげて答えなさい。

明治時代に創設された山脇学園の初代校長が掲げた建学の精神は、「高い教養とマナーを身につけた女性の育成」でした。その精神は受け継がれ、現在では「社会で生き生きと活躍する女性リーダーの育成」を教育目標としています。

明治という時代の中ですでに、世界で活躍する女性の姿を思い描いた学校教育が展開されていたのでしょう。

山脇学園の校章は、ハートの形。その中に富士山が描かれています。校章の中に込められた創設者の思いは、今もなお学校に受け継がれているのです。

「富士の姿を心として」
温かで優しい心（ハート）の中に、富士山のような真摯な姿、凛とした気高さ、清新な志を持つ女性
何事にも動じない克己心を持ち、徳の高い人になろうと努力し続ける女性

SDGsの眼鏡で見る、私学の取り組み

　私学には建学の精神があり、その精神に根差した未来をつくり続ける実践が毎日、毎日、繰り広げられています。これらを眺めるとその実践の多くは、SDGsと深いつながりを持つものばかりであることがわかります。

　『SDGs（世界の未来を変えるための17の目標　2030年までのゴール）』で紹介されている16校の先生方と行った、一つの試みがあります。それは、「日々、実践していることを次のような式で表したとき、どのような"解"が導かれるのか？ 各校の"解"を表してみる」という試みでした。

　チャレンジした私学の中には、この式を変形させて新しい式をつくる学校もありました。"解"は多種多様であり、まさに日本の私学の在り方と可能性を示していると思うものばかりです。

命と向き合う
（相模女子大学中学部・高等部）

グローバルリーダー
（八雲学園中学校・高等学校）

未来を作り、守る。
（桐蔭学園中等教育学校）

協働型探究学習によるSDGs 達成を担う次世代型地球市民
（渋谷教育学園渋谷中学高等学校）

Wholeness ～全体性の回復～
（かえつ有明中・高等学校）

学而事人
（桜美林中学校・高等学校）

未来へ、共に
（恵泉女学園中学・高等学校）

毎日のすべてを学びに
（湘南学園中学校・高等学校）

ホンモノ⟳好奇心
（成蹊中学・高等学校）

サーバントリーダー
（関東学院中学校高等学校）

ノーブレス オブリージュ
（晃華学園中学校高等学校）

機に応じて活動できる
（中村中学校・高等学校）

∞
（捜真女学校中学部・高等学部）

見つけよう。一生続けられる好きなこと！
（桐光学園中学校・高等学校）

平和のために行動できる人
（関東学院六浦中学校・高等学校）

モラリスト × エキスパート
（立正大学付属立正中学校・高等学校）

SDGsで示されたのは、私たちが今、そしてこれからむかえる不確かな未来を地球という星の上で生き続けていくために取り組む目標です。国連サミットで採択されたのは2015年９月ですが、実はそのずっと前から私たちはこれらの目標に向けて動き出しているのです。気候変動枠組条約、湿地の保存に関する国際条約、開発途上国への先進国からの援助など、国を単位とした動きもあります。また、企業単位のリサイクル活動や自然環境保護も行われています。

　そして、みなさんが近い将来、自らの成長の場として選ぶ私学もまた、さまざまな活動を行ってきました。ここからはSDGsの眼鏡を使って、私学が行っている取り組みを見ていきます。

　学校ごとの取り組みに目を向ける前に、自分で自分を育て続けているみなさんの先輩（高校１年生、２年生）が活動しているようすをのぞいてみましょう。自ら問いを立て、仲間と共に解決をするプロセスを歩んでいる渋谷教育学園渋谷中学高等学校　模擬国連部で活躍をしている三名の先輩は、活動を通じて「自分の内側を見つめる」「自己の成長と仲間への貢献」というキーワードを示してくれました。

　実際に世界を見据えて行動をしている先輩から、何を学ぶことになるでしょうか。SDGsの眼鏡で先輩達の活動を見ると、これまでとは違った魅力と出あえるかもしれません。

自分の内側を見つめる

　模擬国連の議題に取り組むとき、その議題に対して「自分自身はどのように考えるのか」をとことん追求します。そうでないと、議題の本質をとらえられず、パートナーとのやりとり、会議での交渉がうまくいきません。追求していくときには、「自分の考えは何を背景としているのか」「そう考える原因はどこからくるのか」、とことん自分と向き合います。担当する国・地域によっては自分自身と違う考えで交渉をしていくことだってあるのです。そんなときでも本質をとらえ、自分自身の考えをまとめるためにも、とことん自分自身と向き合うことが欠かせません。こうした経験から、日ごろのニュースを見ているときや、教科の学びにおいても、「その問題に対して、自分はこうとらえる」「なぜ、そう思うのか」と自分の事としてとらえられるようになったそうです。さらには、ペアの２人で交渉をしていくため、自分の考えと相手の考えをとことん確認していかなければなりません。ペアの相手は、もしかすると大きくくくれば考えは一緒かもしれないけれど、本質を探っていくと、自分とは違う生育環境を歩み、これまでの体験や経験から生まれる人生観も違う。そうした相手とともに、力を合わせて会議の場で交渉をしていくためには、お互いの人間理解も大事な要素だと言えます。

自己の成長と仲間への貢献

　自分自身の内側を見つめていくと、自然と自分自身の強みや弱みに出あいます。自分が全面的に前に出てプレゼンしたり、会議の場を引っ張ったりしていくのが苦手だったら、相手国の考えや要求に耳を傾け、水面下の交渉を行い、解決の糸口を探るという役割を担えます。こうした役割行動があるからこそ、交渉の糸口を見いだせたり、自国の考えに賛同する仲間を増やせたり、世界の国・地域と課題解決をしていくことができるのです。強み、弱みのどちらも自分の行動次第で、自分の魅力になるのです。準備の段階で、互いが自分自身をとことん見つめ、自分の意見を持ち、意見を出し合い、すり合わせる……そうした経験をしながら、お互いがお互いの魅力を引き出しているからこそ、会議の場でのペアの役割行動がうまくいくのです。

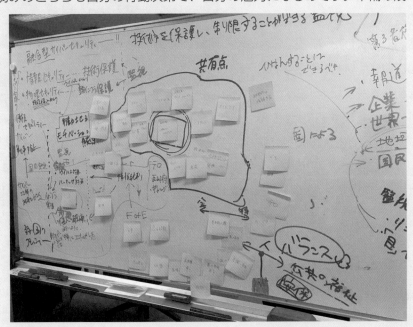

　また、全日本の大会を経てニューヨークの国連大会に行くペアが決定するので、いわば勝ち負けの世界もあるのかと思いきや、「自分がどうその場に貢献したのか」「自分がゴールとして設定した目標に、どれだけ到達できたのか」ということをふり返って、それに対して、満足したり、悔しい思いをしたりするそうです。もはや、勝負の世界を超越した場所で、自分自身がどう課題解決に貢献しているのか、国際社会でどのように行動しているのかをふり返っているのです。そして何より、忘れてはいけない存在が、約70名の部員です。全日本の大会に行けるのは数名、ニューヨークへは2名しか行けません。実際の交渉の場に参加しない生徒もいます。参加しない生徒が参加する生徒を全面的にサポートする。そして、そのサポートがあるからこそ、自分が大会に参加できることも知っている。そうした、人と人との信頼関係で結ばれているのが、同校の模擬国連部なのです。

❑❑かえつ有明中・高等学校

○「自分は何がしたいのか？」

すべての学びがPBL（Problem Based Learning）でつくられる「かえつ有明新クラス」。さまざまなプロジェクトが立ち上がり、生徒たちの主体的で対話的な深い学びが展開されてきました。高校2年生3学期のプロジェクト科の授業は、テーマを自分で決定し、プロジェクトを立ち上げ、探究すること。

プロジェクトを進めるための方

（中学3年生サイエンス I have a dream project の様子）

法や探究の技法は、これまでの学校生活で身につけてきました。先生から提供される情報をきっかけに生徒たちが独自にプロジェクトを立ち上げ、探究のサイクルを動かしてきたのです。

そうした中で、「自分は何がしたいのか？」と問い続けてきた高校2年生の二人の生徒がいました。二人は、それぞれに「自分は何がしたいのか？」と問うていました。提供された情報をもとにプロジェクトを成功に導くことには実績もあり、自信もあります。また、誰かの立ち上げたプロジェクトに合流し、プロジェクトをサポートしていくことにも自信があります。そんな二人が直面した一番の問題は「自分は何がしたいのか？」ということでした。なかなか自分のテーマが決まりません。仲間のプロジェクトに相乗りするという方法もありますが、それが今の自分自身の成長にはつながらないと、プロジェクト科の授業が展開される図書館の中で、それぞれ一人で悶々と悩んでいました。

○図書館は、さまざまな学びのセンター

かえつ有明中・高等学校図書館は、「学校図書館を知の海原とし、好奇心の強いイルカのように知的好奇心をいっぱいにして、図書館の中を回遊し、大海原に飛び出してほしい」という思いから「ドルフィン」と呼ばれています。「ドルフィン」と名付けたことで、従来の学校図書館の枠を超えた多くの機能を持つ学校の学びのシンボルとなり、さまざまな意味で学びのセンターへと発展し続けているといいます。一人の図書館司書のサーバント・リーダーシップと、さまざまな教科の先生方や有志の生徒たちのコラボレーションによって日々の図書館運営がされています。毎時限の授業で、教室を飛び出した先生と生徒たちが図書館を舞台に多様な学びを繰り広げています。この日のプロジェクト科の授業も図書館を舞台に展開されていました。

○対話から始まる探究への道

　ちょうどその日、以前に行われたリベラルデーの神奈川大学宇宙エレベータープロジェクト（KUSEP）とコラボ企画の流れから生まれた図書館展示企画が動いていました。KUSEPの大学生が「宇宙デブリ（宇宙ゴミ）」の展示の準備で図書館を訪れていたのです。

　プロジェクト科を担当する先生はそれを好機とし、二人の生徒をKUSEPの大学生に引き合わせます。二人の生徒は、「宇宙デブリ（宇宙ゴミ）」の展示準備を手伝いながら、大学生が語る宇宙エレベーターのロマンや宇宙デブリの問題に耳を傾けました。

　また、自身たちが抱える進路の悩みも話しました。三人の対話は時が経つごとに深まります。そこに、SDGsに関する図書館企画の構想を練っていた図書館司書の先生が合流します。対話はますますの深まりをみせ、新たなプロジェクトのスタートへと行き着くことになりました。それは、「『SDGs』というレンズを使い、自分自身と向き合っていくということ。世界の変化を知り、今いる場所から考えよう。そして、変化をつくる新しい行動をそこから起こそう。その行動はつながり合いながら、世界の変化へ影響を与えていくことができるはずだ。」という思いからでした。

○つくり続けられる図書館書棚

　そしてこの日から、プロジェクト活動の一つとして、SDGsをテーマにした図書館の書棚づくりが始まることになります。書棚づくりといっても、SDGs17のゴールに対応した空の書棚があるだけで、書棚に本はありません。書棚をつくるというプロセスそのものがSDGsへの関心を引き出す試みです。

　図書館を利用する生徒たち、先生たちが、図書館を利用するプロセスの中でSDGs17のゴールに出あい、その出あいを他者に積極的に伝えるしかけです。誰かがつくった、出来上がっている書棚を利用するのではなく、自らが利用する中で書棚をつくり続けていく。そのプロセスを互いにサポートし合いながら、さまざまな探究のサイクルの出あいと交差を生んでいくしかけです。

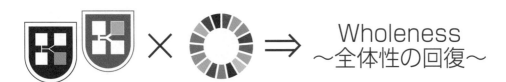

Wholeness
〜全体性の回復〜

関東学院中学校高等学校

はまロゲ　～横浜学ロゲイニング～

　関東学院の「はまロゲ」は、ロゲイニングのコースづくりを通して、学校周辺の身近な街に存在するSDGsの課題をさがし、SDGsの視点から街を再発見する試みです。ロゲイニングとは、野外に設置されたチェックポイントを制限時間内にできるだけ多く回り、その点数を競う運動競技です。オリエンテーリングとは異なり、チェックポイントが多数あり、回る順番は参加者が自由に決めることができます。2019年に開校100周年を記念して行われた「横浜学」の授業の中で、高校2年生の生徒たちが取り組み、横浜駅周辺のマップとチェックポイントの写真・解説がついたコースが完成しました。当初検討したチェックポイントは40以上ありましたが、生徒同士の話し合いや検討を経て厳選された19のポイントが載っています。

　生徒たちは、クラスごとにSDGsと関わりの深いテーマを選び、分担するエリアごとのチーム単位で、テーマをふまえてどのようなコースが考えられるかを検討したり、チェックポイントになりそうな場所を考えたりします。フィールドワークに出かけて写真を撮ったり、地図を編集したりする作業を経てコースが完成した後は、チームごとに実際に足を運んで楽しみながら体験します。体験の後には、お互いにテーマが伝わったかどうかや、コースづくり全体をふり返ってのフィードバックをしあう時間を過ごします。数か月にわたる一連の活動を通して、SDGsの知識と理解を深めるのはもちろん、情報を整理し判断する力や、問いを立てる力、ふり返る力なども磨かれていきます。

121

高等教育の学びへの懸け橋
2022年度から新たなスタートを切る3年間の探究活動プログラム

　現在、高校3年生では、SDGs17のゴールを使って、将来にわたって探究し続ける自分の問い（研究テーマ）をつくり出すことに取り組んでいます。最終的には、研究テーマをもとに、リサーチクエスチョンと仮説を立て、学修計画書にまとめることを目指します。さまざまな体験をしてきたことで、自分とはつながりがうすいと思っていた課題が、実は自分と深くつながっていたことに気づいた生徒たちが、その課題を解決するための第一歩を踏み出すための計画を立てていくのです。

　当然ですが、研究したいテーマはひとりひとり異なります。先生は、生徒たちの持つ問いを「小さくする」ための投げかけをしていきます。ひとりひとりの見つけた研究の種は、まだまだ漠然としていて焦点が定まっていません。それを多角的につつくような投げかけをすることで、生徒ひとりひとりが、本当に自分が探究し続けたいこと、いわば問いの「核」となるものを自問自答しながら言語化していきます。このようなプロセスを経て、当初は漠然とした興味関心の対象だったことが、測定や論証ができるような、焦点化された課題へと設定し直されていきます。

　3年間の時間をかけて、自分の成長と共に、ものの見方や考え方を深めながらこのプログラムに取り組むことで、生徒たちはSDGsを学ぶとともに、SDGsを通して自分でテーマを設定して探究する方法を学んでいきます。

　高等教育へ進んだ後も、自ら課題を見つけ、自分自身の問題としてにぎり直しながら探究し続けていく人。それこそが関東学院中学校高等学校が育てたい人物像です。

　先生に自ら声をかけてフィードバックを求める生徒。スマホを取り出し、調べものをする生徒。周りの生徒に相談を持ちかけたり、意見を交換したりする生徒……。授業中の生徒たちの姿から、主体的に行動し、追い求めるものへ向かっていく「探究者」の芽が確実に育っていることが伝わってきます。

高1	高2	高3
SDGs視点を持つ	SDGsを感じる	SDGsから見つける
横浜ロゲイニング	高校生ラーニングジャーニー	学修計画書
SDGs視点で横浜を歩き発見をマップに落とし込む。	SDGsの諸問題の現場に足を運びSENSINGの状態を体験する。①セブ島貧困ジェンダー②沖縄式円卓会議平和貧困③台湾エネルギー	SDGsを「自分事」にするためにSDGsから「研究テーマ」を考え「学修計画書」を作成する。

現在行われている取り組みをブラッシュアップしつつ、上記のようなSDGsを軸にした3年間の探究活動プログラムを、2022年度入学生から実施する予定です。現在、1泊2日・2泊3日の探究ショートツアーを計画中です。

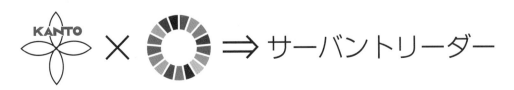

関東学院六浦中学校・高等学校

　「地球市民講座」は、グローバル社会で活躍できる人の育成を目指す試みの一つとして2015年にスタート。キリスト教の人間観をベースに、「宗教と文化」、「宗教とくらし」などをテーマに「グローバルシチズンシップ（地球市民）」の素養を養う試みが２年ほど続きました。そして、３年目となる2017年に、複数年に渡って学ぶプログラムへと大きく進化しました。

　学校に脈々と受け継がれる「人になれ　奉仕せよ」という校訓に、「現代社会の中で地球市民として生き、行動できる人」を重ねたのです。「権利を主張し、義務を果たす一人の地球市民として、社会的課題を解決していく。その活動は、仲間と共に地域から始まり、グローバルフィールドへと向かっていく」と。「地球市民講座」の内容は、自ずとSDGs17ゴールが扱われることになっていきました。それはSDGsが、現代地球市民である私達一人ひとりが抱える共通の課題を示していたからです。

　「地球市民講座」での学びは、今はもちろん今を超えた未来の自分をも紡ぐ時間となっています。「課題に向き合う自分自身が、仲間と共に地球市民としていかに活動をしていくのか？」卒業してもなお、生徒達は６年間で育んだ「互いに励まし合う」、「社会に奉仕する」「平和を尊重する」という心を大切にしてさまざまな活動を展開しているそうです。

　生徒達は、自らの取り組みをポスターセッションや、ICTを使ったプレゼンテーションで仲間と分かち合います。「地球市民講座」が始まるずっと前から、関東学院六浦中学校・高等学校では地域の清掃活動、炊き出しの支援、平潟湾の干潟の研究など、地域に根付いた活動を数多く行ってきています。この学校で経験した仲間や地域の方々との関わりは、卒業後の進路を考えるときや高等教育で学ぶための道しるべ、社会人となって社会貢献する際の一筋の灯となって、卒業生達が歩む道を照らしているのかもしれません。

　「地球市民講座」が創り出した影響を２つ紹介します。

1つ目は、4年生（高校1年生）から始まる英語の特別プログラムGLE（Global Learning through English）コースで、生徒が起業するというプロジェクトを行ったときの出来事です。「地球市民講座」での学びを経た生徒達は自然と、自らが立ち上げる企業

理念を「地球市民であること、地球の諸課題を解決すること」という視点でつくっていました。そして、具体的な企業活動自体もSDGsの達成に関連するものになりました。「地球市民講座」での学びが自然発生的に教科を横断し、英語の授業で見事に花開いたのです。現在も、このGLEコースで生徒達は地球市民という立ち位置から現代社会が抱える様々な課題に英語を使いながら向き合い、その学びを他者に向けて発信し続けています。

　もう1つは、在校時から活動を始め、高校卒業後も活動を続けている団体、ユースボランティアセンター（YVC）の誕生です。国連WFP（United Nations World Food Programme）と連携し、レッドカップキャンペーンの一環としてレッドカップ・ペンと名付けたボールペンをつくりました。売り上げはWFPへの寄付となり、飢餓貧困地域の子ども達に学校給食を届けるための活動につながっています。また、原発事故から発生した福島の野菜の非買現象に対してフードロスの視点から向き合う活動も始まり、世界へとつながる扉を子ども達自身が開いていく試みが続いています。

　「人になれ　奉仕せよ」の校訓を現代社会において具体的な形にしようする「地球市民講座」は、結果的に自然とSDGsと結びつき、「地球市民」としての素養と行動を学び続ける講座として成長し続けています。

× ○ ＝ 平和のために行動できる人

⚓恵泉女学園中学・高等学校

●園芸

恵泉女学園の教育プログラムの一つに「園芸」の授業があります。中1と高1が必修で、畑で花や野菜を育て、収穫したものを利用して授業を行っています。中2の夏には山梨県清里の牧場でのファーム・ワークに全員で行き、牛舎の清掃を行います。集められた牛糞や敷き藁は牧場で1年かけて堆肥にされ、冬に恵泉の畑に運ばれてきます。黒くふっくらとした堆肥は牛糞や藁から出来ているとは思えないほどです。生徒は一輪車とスコップでその堆肥を播き、春の畑に備えます。

●被災地支援

　東日本大震災の後、自分たちができることを行いたいという生徒の思いから、被災地・南三陸町での活動が始まりました。現在では漁港でのわかめの収穫と加工作業を中心に行っています。地元の方々と話をしながらの作業で参加者はとても良い刺激を与えられています。卒業生も自主的にグループを作って参加し、大学卒業後には南三陸に就職した者、復興をテーマに大学院で研究を重ねる卒業生もおり、「南三陸に帰る」という表現をする者もいるほど、深い愛情を持って南三陸の方々との交流に取り組んでいます。
　校内では収穫のお手伝いをした塩蔵わかめや南三陸町の物品を販売して、その利益を南三陸町の港の整備費用としてお送りしています。

思う　〜被災地に行って〜　　高校2年生　N・S

　仮設住宅にお住まいの方々に、恵泉生が育てた花の苗を配った。直前まで、ボランティアのためにやって来た私たちのような学生を、被災された方々はどう思うのだろうかと不安に感じることもあった。でも、私たちが一軒一軒仮設住宅を回っていると、時に笑顔を浮かべて喜んでくれる人や、涙を流してくれる人さえいた。私たちのような力のない者でも、苗を配るという小さな行いで人の為に何かができるのだと実感して、素直に嬉しかった。私は、自分が与えることで、それ以上に与えられるのだと、改めて感じた。1日目から思っていたことだが、案内してくださったご夫妻は実に明るく、笑顔を絶やさなかった。被災地を目の前に

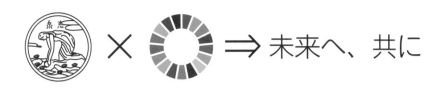 ⇒ 未来へ、共に

●生き方を考える「修養会」

　高校3年生の夏には2泊3日で修養会が行われます。大学受験を控えた中で、あえて恵泉での6年間を振り返り、これからどのように生きていくかを考えるひと時です。「自分とは、友人とは、神とは」簡単に答えの出ないテーマに向き合うことによって真剣に自分の生き方を考えていきます。

●共に生きるための活動へ

　被災地支援に参加していた生徒たちが、南三陸に行くのは「支援」ではないと言い出しました。生徒たちは「与えているのではなく受けているのだ」ということを実感したようです。そのため現在は「被災地支援」という言葉を使っていません。共に生きていくことの大切さを体感したのだと思います。恵泉ではこの他にも礼拝の中で毎月献金を捧げ、その献金で1学年で1人のフィリピンの里子を担当してその学びを支えたり、年間60か所ほどに献金をお送りしたりしています。クリスマスの季節には障がいを持つ方々について施設の方々から学んだ後に施設などを訪問する活動を行っています。また、「平和学習」として戦争や核兵器の問題を考える講演会、有志が参加する「ヒロシマ平和の旅」、都内の戦争遺産に触れる一日平和ウォークなどを行っています。

して、言葉の出ない私たちに、「そんなに悲しそうな顔をする必要はないよ。皆頑張っているから大丈夫だよ」とおっしゃった。被災された方に、逆に励まされた私は、なんて情けないのだろうと思う。ご夫妻のその言葉の、笑顔の裏にどれほど深い悲しみが潜んでいるのか、私には分からない。でも、強く、たくましくいることが、彼らにとっての唯一生きる道なのかもしれない。強い人は、美しい。人は一人では生きていけない。常に誰かと関わり、助け、助けられて生きている。でも人はそのことをすぐに忘れてしまう。あたかも、自分一人の力で生きているかのように。だからこそ人は、相手を「思う」心が大切なのだと思う。思いが思いを呼んで、人と人が繋がっていくのだ。　　　（震災一年後に訪問した生徒の感想文の一部抜粋）

✦ 晃華学園中学校高等学校

○土壌となったカトリックの精神：ノーブレス　オブリージュ

　マリアニストスクールである晃華学園は、「多文化共生の世界に開かれた品格のある女性」を、育てたい生徒像として掲げています。そして、カトリック精神を根幹に、以前から授業や課外活動を通じ、国際社会がかかえる課題について積極的に学んでいます。2012年からはユネスコスクールにも登録しました。ユニセフやホロコーストに関する講演会を開いたり、回収した古着を難民に送ったりするなどの活動をつづけています。このように自分たちに与えられた力を他者のために捧げる「ノーブレス　オブリージュ」の精神が土壌となっている晃華学園では、ごく自然に、SDGsに関する活動がはじまりました。

○SDGirlsたちのチャレンジがスタート

　晃華学園で、高校生たちの要望からSDGsに関する活動がはじまったのは2016年のことです。

　自らを「SDGirls」と名乗った有志の生徒たちが中心となり、「SDGirls通信」の作成、ワークショップの開催などを通じて、まず校内で活動が広がっていきました。子どもたちの主体的な動きと、それをサポートする先生方の活動

ＳＤＧirls　通信　　　　　　No. 2

2017年11月22月（水）にSDGirlsによる「飢餓」をテーマとしたワークショップを行いました。参加者の皆さんには、「発展途上国の人に私達が出来ることは何か」について考えて頂きました！下記に参加して下さった晃華生から出た案を紹介します。私達中高生でも身近にできることは数多くあります。是非実践してみましょう!

- ・食べると援助になるようなものを買う
- ・募金活動
- ・1回に育てられる作物の量を多くする
- ・ベルマーク、エコキャップの回収
- ・自分の地元農家や市場を支援する
- ・持続可能な食材選び
- ・世界の状況を知る
- ・バイオミミクリーを進める
（生物の機能を模倣することで新しい技術を生み出す学問）
- ・井戸を作る
- ・消費期限の早いものから食べる
- ・ものを大切にする
- ・ボランティア活動
- ・着られなくなった洋服をあげる
- ・啓蒙活動を行う
- ・廃棄を減らし、分別する

　私が予想していたレベルを超える質の高い回答となりました。また非常に多くの意見を得ることができました。皆さんが現状を理解し、社会に貢献できるよう変わりたいと考えているからこその結果ではないかと思います。参加して下さった皆さん本当にありがとうございました。
　そして今後、啓蒙活動や社会問題の解決により多くの晃華生が興味を持って下さることを期待しております。

2018.4.14 SDGirls（中学）

が交わりあい、カトリック精神の土壌の上に花開いていったのです。そして、今では、高校生はもちろん中学生もSDGsに関する活動を積極的にすすめています。

　晃華学園のSDGs活動は、「SDGirls」の発信からはじまるものがほとんどで、参加したい生徒が自由に参加でき、人数や活動内容についての制限はありません。学年によって人数もテーマも違います。この自主性を重んずるスタイルが、活動に活気を生んでいます。右ページでは、「SDGirls」が活動をはじめたきっかけを中心に、晃華学園が取り組むSDGsに関する活動の一部を紹介します。

中学3年生が中心となって取り組んでいたユニクロ古着回収プロジェクトは、「ユニクロ委員」改め「SDGs委員」として支援を行うこととなり、古着回収にとどまらず、新たに文具の回収をし、カトリック難民支援センターを通じて難民に送っています。

高校2年生の「SDGirls」の一人はこう話します。「他学年の子たちを見て、自分たちも何かやってみたいと思いはじめました。理系も文系も一緒に興味を持てるものがいいねと話しているときに、先生から海洋プラスティックの問題を聞いたんです」。そうして始まったのが歯ブラシ回収プロジェクトです。活動に誘われた別の高校2年生は「海洋汚染は社会問題であり、プラスティックと海洋生物の問題は化学や生物とのつながりが深い。歯ブラシは身近なので、これならできそうだと思いました」と話します。

別々の生徒の、まったく異なる興味からはじまったプロジェクトもあります。中学3年生のある「SDGirl」は、食品ロスや子どもの貧困に関心を持っていました。また別のある「SDGirl」は園芸に興味があり、自分で畑を耕してみたいと考えていました。「二人で何か一緒にやってみたら」と、橋渡しをしたのが先生です。二人の興味関心は、現在「畑プロジェクト」としてスタートし、子ども食堂に育てた野菜を届けることをめざして活動の輪を広げつつあります。

中学2年生が取り組んでいる「ハンディポッド」プロジェクトは、生活排水がたれ流しになり、感染症にかかる人がたえないカンボジアのトンレサップ湖の現状を授業で知り、興味を持ったのがきっかけです。中学2年生の「SDGirls」の一人は「ふだんは自分から何かをやるという積極性がない方なのですが、このときは参加したいと強く感じました」と話します。

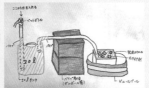

晃華学園「SDGirls」の活動を経て、高等教育へと進学する高校3年生からのメッセージ

「この学校で過ごした時間の中には、
やりたいこと、好きなことを見つけるきっかけがたくさんあった。
やりたいと思ったらやってみる。行動にうつしてみる。
そうすれば先生や仲間たちは応えてくれる。」

 × ノーブレス オブリージュ ⇒

中村中学校・高等学校

地域とのつながり

　現在の校舎は、緑豊かな清澄庭園のすぐそばに立地しており、四季折々の趣を感じられる落ち着いた環境の中で6年間を過ごすことができます。2009年に創立100年を迎えた際には、学校と清澄庭園に向かう道路が、地元の方々の推薦により「清澄庭園・中村学園通り」と命名されました。また、例年、文化祭や体育祭、あるいはその準備の際にはいつもより賑やかになってしまっても、地域の方々は暖かく見守ってくれています。

実際の取り組み

　2020年に中学3年生になった生徒たちは、中学1年生の時から、継続的にSDGsにふれてきました。中学1年生の時には、道徳や特別活動の授業の中で「SDGsとは何か」ということを学んだり、班ごとにSDGsのうちの1つのゴールについて調べてプレゼンテーションを行い、SDGsそのものに興味関心を持つところからスタートしました。中学2年生の時には、新潟での自然体験の事前学習として、「農業」をテーマとして、SDGsに絡めたプレゼンテーションを行いました。また、実際にSDGs達成に向けた取り組みをされている企業を訪問したり、本校にて講演をしていただくことで、学びを深めました。

　そして、これから……。中学3年次の修学旅行の一環として、京都・奈良・広島を散策しながら、街中にあるSDGsに繋がる工夫を見つけ、学んでいく予定です。また、高校1年生を対象とする「キャリア探究」では、SDGsに熱心な取り組みをされている企業とコラボレーションをし、化粧品のボトルや竹紙ファイルのデザインを企業の方々のアドバイスをもとに考え、実際に販売していく予定です。

生徒達への思い

　中村中学校・高等学校の生徒たちには、グローバルな視点、つまり外に目を向けたり、外とつながるチカラをつけてほしいと考えています。当然のことながら、生徒はまだまだ発展途上なので、中村中学校・高等学校の6年間の学びの中でその訓練をたくさんして、いずれは俯瞰的なものの見方ができるようになってほしいと願っています。学校としても、今まさに改革のプロセスのさなかであり、世界や未来を意識しながら、いろいろなことに挑戦していきたいと思っています。

× ⇒ 機に応じて活動できる

中村で身につく5つのチカラ
~VUCA時代の中で~

考えて行動するチカラ

人と上手な関係を
構築するチカラ

地球規模で考え、足下から
行動を起こすチカラ

自らサイクルを
回し続ける
チカラ

フェニックスのごとく

中村中学校・高等学校は、明治42年（1909年）に、私立中村高等女学校として誕生して以来、110年以上の歴史を紡いできた女子校です。110年をこえる歴史の中では、関東大震災、東京大空襲などにより、校舎を三度消失しながらも、その都度、校舎を新築し、不死鳥の如く復活を遂げてきました。今では、さまざまな植物や動物によって形作られた「フェニックス」が中村のシンボルキャラクターになっており、たくさんの個性がのびのびと育ち、未来へ飛翔する様子がここには表現されています。

創立以来、「機に応じて活動できる女性の育成」を目指してきました。その精神は中村スピリッツとして100年を超えて明治、大正、昭和、平成、そして令和へ脈々と受け継がれています。目まぐるしく変わっていく世界に対応すべく、現在はCompetency（総合的変化対応能力）を身につける教育活動を大切にしています。

国際科の取り組み

高等学校国際科では、所属生徒全員が高校2年次に1年間の海外留学（英語圏）を経験します。留学前より準備をすすめ、留学中に研究計画に沿って調査を進め、帰国後に課題論文を英語で作成します。

論文に共通したテーマは、「ジェンダー（社会的・文化的に創り出された男女の違い）」です。

NAKAMURA SENIOR GIRLS' HIGH SCHOOL

Nakamura International Course

Class of 2019
Thesis Projects

◎桜美林中学校・高等学校

学ぶ目的は、広く世界の人々に奉仕するため。

　桜美林学園の創立者清水安三・郁子夫妻は、日本における国際教育・ボランティアのパイオニアです。1921年に北京郊外に崇貞学園を開設し、貧困に苦しむ子どもたちが自立するための教育活動をはじめました。敗戦後、夫妻は中国からの引揚げを余儀なくされましたが、帰国後、どのような環境にあっても常に希望を持ち、国や人種を越えて人々の痛みを理解し、多様な価値観に対応できる人材を育成することを願って、桜美林学園を設立しました。

　「隣人愛」「学而事人」

　共生社会を実現すべく、そのためには学んで人に仕える、すなわち学ぶ目的は立身出世にあるのではなく、広く世界の人々に奉仕するためにある。

　「隣人愛」「学而事人」は、創立者清水安三がモットーとしていたもので、今も学園のモットーとして大切にしています。この精神と情熱を受け継ぎ、2017年からは「ユネスコスクール加盟校」として活動しています。そして、伝統的に力を入れてきた国際理解教育・英語学習・海外とのネットワークをさらに発展させた『隣人愛：持続可能な地球規模の共生社会をめざす』プロジェクトを稼働しています。

　『隣人愛：持続可能な地球規模の共生社会をめざす』プロジェクトでは、SDGsを柱として、世界的課題につながる、自分たちができる取り組みを「平和」「環境」「国際」の3テーマを中心に活動しています。そして、その活動を通して、地域社会や国際社会に貢献する人材を育成しています。

1．「平和・いのち」プロジェクト

　毎週水曜日の1時間目に中学校全クラスがチャペルに集い、礼拝の時間を守っています。礼拝時における献金は、中学1年生は同じエリアにある日本聾話学校に、中学2年生は近隣の社会福祉施設に、中学3年生はチャイルド・ファンド・ジャパンを通じて、アジアの貧困の中で暮らす子どもたちのために役立てていただいています。また、高校1年生は日本基督教団神奈川教区寿センターの活動に、高校2年生はNPO法人パレスチナ子どものキャンペーンの活動に、高校3年生は公益社団法人好善社を通じて、ハンセン病療養所に入所されている方々のために役立てていただいています。これら以外にも、生徒たちが持ち寄って「花の日礼拝」（6月第2日曜日）でチャペルを飾った花々は、近隣の病院や高齢者施設に届けられました。「収穫感謝礼拝」にあわせて奉仕委員が全校生徒に協力を呼びかけて集められた献米は、日本基督教団神奈川教区寿地区センターを通じて野宿生活者のための炊き出し活動に用いてもらっています。

2.「環境・防災」プロジェクト

2013年度にクラブの交流活動から始まった東北支援は、今では「さくらプロジェクト」として学校を上げての活動に発展しています。毎年3月に高校生40名が宮城県へ向かい、同じユネスコスクール加盟校で「災害科」をもつ多賀城高校と、防災をテーマにした学習を深めています。また、1月には「みやぎ防災ジュニアリーダー養成研修会 東日本大震災メモリアル」に参加し、本校の防災に対する取り組みを発表するなど、生徒たちは自ら主体的に活動しています。

中学校では環境学習として、国立極地研究所による出張講座「南極授業」を受けています。温暖化による氷床の融解やシロクマの餓死など環境問題の最前線を学ぶとともに、持続可能な地球を守る意識を高め、将来へ向けたキャリア教育の一環となればと願っています。

高校では、例えば地理の授業で、アフリカのザンビアとガーナへ実際に研修に行った教員によるSDGsを深く学ぶ講座が設けられています。『探究』の授業では、「防災とSDGs」をテーマにしたグループ研究が行われます。このような、より専門的な学びを通して、地球規模の課題を解決する姿勢を身に付けようとする多様な授業が実践されています。

3.「国際・協働」プロジェクト

2018年度から、春休み期間を利用して、卒業式を終えたばかりの中学3年生の希望者を対象に、フィリピン・セブ島での2週間の英語研修プログラムが用意されています。

授業のない週末には、様々な事情で両親と暮らすことのできない5歳以上の女の子たちが、シスターたちの庇護のもと一緒に生活を送っている「Our Lady of Divine Providence Home」という孤児院を訪問し、歌や踊りを披露し合いながら交流を深めています。プログラムに参加した生徒たちの発案で、文房具やTシャツなどを集めて寄付をしようという運動にまで広がっています。

桜美林 ✕ 学而事人 ⇒

立正大学付属立正中学校・高等学校

　本校の教育の根幹にあるR－プログラムでは、朝のホームルーム活動に、「新聞、雑誌、WEB上のコラムを読んで自分の意見を200字でまとめる」、翌日の朝のホームルームで「クラスの数名の生徒が、前日書いた内容で１分間スピーチを行う」ことで、思考力＆表現力向上プログラムを実践しています。このコラムの題材にSDGsの17の目標に関連する内容を、かなり採用してきました。
　食糧問題をテーマにした題材を読み、それに対する生徒の意見をまとめた上で、次の問いに取り組んだものを３人紹介します。

　世界の食糧問題の原因の一端は、「フードロス」によるものである。"食べられるはずだったのに"と思うことがないようにするためには、日頃の生活でどのようなことを意識して食べ物を扱うべきなのだろうか。1)料理　2)買い物　3)外食　から場面を１つか２つ選び、そこで取り組むべきことを200字以内の文章で述べて下さい。

　買い物をするときは、なるべく消費期限の長いものを買ったらいいと思います。消費期限が短いと買った食材を使わずに期限がきてしまい捨ててしまうことになるからです。あと、必要なものだけをメモして買ったらいいと思います。例えばスーパーに行って買う予定でも無かったものを買ってしまうと食べ切れずに消費期限がきてしまいまた捨てることになります。こういった事を防ぐためにいつ何を作って自分がどれくらい食べるかを考えながら買い物をしたらいいと思います。

Aさんの意見

　買い物では、一気に買いだめする家族が多い。しかし、フードロスの原因はそこにある。買いだめしても、どんどん食品の安全性が悪くなり、くさったり、食べ切れずに捨てたりすることが多いと思う。だから、買い物はこまめに必要な分だけにすべきだ。外食では、必要以上の料理を頼まず、まず自分の料理を食べ切って、残すことのないように注文していくべきだと考える。そのため、自分もフードロスに気を付けて食事を取りたいと思う。

Bさんの意見

　私は必要な物以外に買わないということを意識しなければならないと思います。世界では646万トンもの食べ物が捨てられています。そのうちの289万トンが家庭から出ています。いらないものを買うともちろんそれは捨てられます。すべての家族がこのことに意識したら289万トンもの食べ物は捨てられずにすみます。実感はわきませんが、一つひとつの食べ物を大事にできれば、フードロスなどという言葉は聞かなくてよくなると思います。

Cさんの意見

　R－プログラムでの活動の重要なポイントとして、内容を掌握し、自分の意見をしっかり持つことがあげられます。SDGsの問題は、現状の日本の中学生には、実感としてとらえるのは非常に難しいものもあります。そんな中、本校の活動では、この3人のように、自分に何ができるかを自分のレベルで考え、その意見を述べています。一見、大した意見ではないかもしれませんが、この地道な活動こそが目標達成のために重要なことと考えています。立正は、このR－プログラムの活動を通して、SDGsに対する生徒達の理解を深めていきたいと考えています。

　次に、この地道な活動から、ある取り組みに挑戦した生徒を紹介します。本校中央委員会(生徒会)の副委員長である髙橋美月さん（高3）は、本校で取り組んできたR－プログラムを通じて、環境問題に興味を持つようになりました。彼女曰く、ほぼ毎朝のホームルームで行われるR－プログラムは自分が関心のない分野や知らなかった問題を知ることが出来て、いろいろな分野に関心を持つようになったそうです。そんな中、

アイシティから感謝状を受ける髙橋美月さん

マイクロプラスチック問題の報道を目にします。大切な海洋資源が損なわれていく現状を知り、自分の中で何かできないかを考えたそうです。彼女が最初に考えたのは高校生の自分にできることは限られているが、生徒会の役員でもある自分はせめて立正生の意識だけでも変えていきたい。そこで、コンタクトレンズのアイシティ様が行っていたエコプロジェクトに参加を決めました。これは使い捨てコンタクトレンズのプラスチックケースを回収するというものです。立正祭(文化祭)の中央委員会の取り組みとして始めました。この提案が生徒会で承認されるかも本人にとってはとっても不安だったそうです。しかし、全会一致で承認され、多くの生徒が協力してくれたそうです。同じようにみんなR－プログラムをやってきたのだから、私と同じ意識を持っているのは当然、心配した自分が情けなかったと彼女は語ってくれました。実際のエコプロジェクトも大きな成果を上げることができ、アイシティ様からも感謝状を頂きました。そしてこのプロジェクトは、立正祭の時だけでなく、現在も継続して行われています。

 ×  ＝ モラリスト × エキスパート

相模女子大学中学部・高等部

●「命」と向き合う「マーガレットタイム」

　中学部では、観る、聴く、調べる、そして体験する経験を通して「命」と向き合い、命のかけがえのなさ、人の存在の尊さを感じるとともに、社会に目を向け、主体的に自分の生き方や自分と社会とのつながりについて考える「マーガレットタイム」という授業を展開しています。またマーガレットタイムは、各学年テーマがあり、以下のようなねらいを軸にカリキュラムが組まれています。

1年 【自分と自分につながる命について考える】
　命の尊さ、自分の存在のかけがえのなさを知るとともに、人の多様性を理解して他者を受け入れる。

2年 【自然の命と人間の命について考える】
　人が「命をいただく」存在であること。生物や地球の未来を人間が握っていることに目を向ける。

3年 【命を守る、命を育むことについて考える】
　女性として命を育む可能性を秘めた存在であることについて考える。人が多くの愛情によって育まれた尊い存在であること、また歴史の中でその命が失われた現実があったことを知る。

マーガレットタイムの学びのイメージ

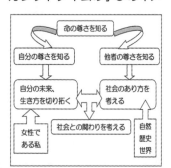

　「マーガレットタイム」での学びを、3年前からSDGsと紐づけて学習することで、さらに広い視野でとらえ、社会の課題として考えるようになりました。こうした取り組みから、2019年6月に実施された「かながわSDGsフォーラムinさがみはら」に代表生徒が参加。これまでの学びから得たこと、未来への誓いなどを「次世代からのメッセージ」という形で表明しました。

●「マーガレットタイム」の学びとSDGs

1年生「視覚障害者体験」

　障害を持った方の日常を知ることで、私たちはどのような関わり方ができるのかについて考えることをねらいとした特別授業を実施しました。1部の講話では、市内在住の視覚障害をお持ちの主婦の方から、実際の日常生活のすごし方、家事や趣味のお話、iPhoneのボイスオーバー機能について楽しみながらお話を伺いました。2部では、支援ボランティアの方のご協力のもと、アイマスク着用による歩行とその介助などを体験しました。体験を通して、一人ひとりの「思いやり」が共生社会の一歩に繋がるのではないかと考える貴重な機会となりました。

2年生「伊勢原の酪農家を招いて」

　神奈川で酪農が最も盛んな伊勢原より酪農家をお招きし、乳牛の一生や酪農家の生活、また、こだわりの伊勢原産牛乳の製品化に至るまでの経緯などについて講話を伺う特別授業を実施しました。併せて、実際に子牛に触れ、さらにその牧場で生産された新鮮な牛乳をいただくことで、「命ある動物から牛乳をいただいている」と実感しました。すべての命は食物連鎖で繋がっています。しかし「自分たちが食べるために他の動物を飼育する、食べるためにその命を生産させる」のは人間だけです。「命の尊さ」を考えるとともに、その尊い命を生産している酪農家の方々の、牛たちに向けられた愛情を感じ、命をいただく者の責任についても考える機会となりました。

3年生「妊婦・赤ちゃんお世話体験学習」

　母性を育む命の授業、『妊婦・赤ちゃんお世話体験学習』を実施しました。
　事前学習として、生卵を入れた紙コップを首からリボンで吊り下げ、お腹のあたりでその卵を大切に抱いて過ごす体験をしました。併せて「マタニティマーク」についての新聞記事を読み、小さな命に対してやさしい社会にするには何が必要か、何ができるかを考えました。
　特別授業当日は、北里大学看護学部助産師専攻の学生さんと指導教官の先生方にお越しいただき、妊娠10ヶ月に近い妊婦さんの腹部と同じ重さのおもりを着けて、様々な動作をする「妊婦体験」と、新生児と体格や重さがそっくりの赤ちゃん人形を使い、まだ首の据わらない赤ちゃんを優しく抱き上げたり着替えをさせたりをする「育児体験」を実施しました。妊婦体験では、ただお腹が重たいだけではなく、そこにはかけがえのない命が宿っていることを、卵体験を思い出しながら意識して、妊婦さんの気持ちや大変さを想像しました。「赤ちゃんお世話体験」では、ママとおなかの赤ちゃんがコミュニケーションをとる様子も疑似体験しました。「お母さん」の大変さと愛情深さを知るとともに、社会の一員として、妊婦さんや乳児を持つ女性に対してどのような行動をとれるかということについても考えました。そして何より、自分の存在は多くの愛情で育まれてきたことを実感できた体験となりました。

 ×  ⇒ 命と向き合う

⑤SEIKEI 成蹊中学・高等学校

「桃李ものいはざれども、下おのづから蹊を成す。」

　成蹊の名は、『史記』にあることわざ「桃李不言下自成蹊」に由来しています。桃や李は、ものを言うわけではないが、美しい花を咲かせ、おいしい果実を実らせるため、自然と人が集まり、そこに蹊ができる。桃や李は人徳のある人のたとえで、優れた人格を備えた人のまわりには、その人を慕って自然と人が集まってくる、という意味があります。

　成蹊中学・高等学校には、この名の由来に違わず、生徒と教員がともに学びあう環境の中で、本物に触れる教育や豊かな感性を養う教育など、人格・学問・心身をバランスよく育てる全人教育を行っています。教員による多彩な取り組みや、そこから刺激を受けて工夫と創意を繰り広げる生徒達。人から人へ、その活動の輪は広がっていきます。現在は、多様性を、寛容さをもって受け止める「スクールダイバーシティ活動」、や"一兎、二兎（1つ、2つ）"を追うのではなく、学業、行事、課外活動自主活動の三兎（3つ）を全て全力で行ったら何か得られるかも？　しれない…　からやってみましょう！　といったユニークな発想をもとに「三兎を追って三兎を得る」といった取り組みをしています。あらゆることに目を向け、チャレンジしていく姿が、成蹊中学・高等学校の今をまさにつくり続けているものといえます。

生物科と家庭科　深海魚と科目横断の学び

　「これは揚げる？　それとも、煮る？」

　普段目にしない深海魚を「解剖すること」と、「調理し食べること」をコラボレーションさせることで、生徒たちの知的好奇心を刺激します。

　深海魚に触れてみることで心が動く。学んだことから粘土で自分の理想の深海魚を作り、その名前や生息場所、特長などを発表する。そして、実際に深海魚を自分たちで調理して食べてみる。

　ホンモノに触れてみて初めて知ることがある。

　多角的な視点から物事をとらえ、本質を見極める力となす。

　楽しさの中に、将来の糧となる見方・考え方を学ぶ機会がこの企画にはあります。

スクール・ダイバーシティ　多様性－マイノリティ性－可能性

「普通はこうだよね。」「そんなのあたり前じゃん。」

　何気なく、それこそあたり前のように口をついて出る言葉。けれども、その「普通」や「あたり前」って、どうして言えるのか。男らしさ、女らしさなど、日常にあるさまざまな「普通」「あたり前」とされていることに疑問を投げかけ、LGBT、オタク、スクールカースト、差別問題等をテーマに考える機会を作っています。

　多数派とは異なる視点を尊重し、多様性を受け止め合うこと。違いを正すのではなく、違いを違いとして受け止め合えることが多くの「普通」となるように、生徒も教員も活動しています。

　様々な活動の根幹には、「自分の生活している場を好きって言っても恥ずかしくないんだ、誇りに思っていいんだ」というような“愛着心”に根差した安心感とその声を聴きあえる環境があります。この環境は次の二つの特徴とともにあるといいます。

　一つは、つながりの連鎖。人が何か行動を起こすとき、そこには他者との出会いが生まれます。その出会いは、構想をまとめているときや計画を進めている最中、発表をし終えた後など、時と場所を選びません。興味・関心が人を動かし、ひとつの出会いが、また新たな出会いのきっかけとなります。成蹊のつながりは、学校対学校の信頼関係から広がった国際交流、その交流で自身の経験から留学生の手伝いをしたいと有志により立ち上がった団体、社会人との交流の機会を設けた企画に協力してくれる卒業生達など、枚挙にいとまがありません。

　もう一つは、他者を喜ばせる力。初めから誰かを喜ばせようと思うだけでなく、自分が興味・関心をもって取り組んだことが、自然と他者を喜ばせることにつながることもあります。自分の試みが、他者の原動力になる。他者の喜びが、自分を後押ししてくれる。そこには子ども、大人の垣根はありません。純粋に、人として互いに高め合う環境が成蹊学園にはあるのです。

あらゆるチャレンジができる「環境」と「安心感」

　成蹊学園の各学校を結び、また成蹊と様々な学校や研究機関、市民などを結ぶ拠点として、成蹊学園サステナビリティ教育研究センターが開設されました。このセンターの開設により、今まで以上に人と人がつながり、様々な領域へと連携が広がっています。また、中学・高等学校内でも、「自分ではわからないことを、いつでも誰かに相談できる」、「生徒に対して、大人が対等に向き合う」といった、生徒が積極的にチャレンジする環境があります。こうした環境が、彼らの新たなチャレンジへの安心感を生み出しています。

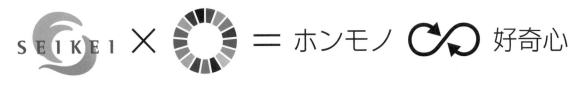

渋谷教育学園渋谷中学高等学校

●社会を変える鍵は、連携

　ユネスコスクールにも認定されている渋谷教育学園渋谷中学高等学校(以下、渋渋と表示)は、時代の変化をリードしている学校です。持続可能な地球社会の作り手を育てることをコンセプトとし、教科横断型の学びや、関連機関との連携を実践する中で、日々の教育活動をシンカ(進化・深化)させています。2014年度から2018年度には、SGH認定校として、自分達の活動を校外に向けて積極的に発信し、同じSGH認定を受けた学校に影響を与えました。そして2019年度からは、WWL(ワールドワイドラーニング)コンソーシアム構築支援事業の拠点校として、その活動が引き継がれました。

　SGHの時代に国内外の様々な機関と連携することが社会変革の力になると強く感じたことにより、WWLに移行した今、そのメリットを最大限に活かしています。渋渋では自分の考えを発信することが求められますが、発信した先で新たな連携が生まれます。危機意識を持っている高校や大学、企業などと連携して、地球社会が抱える諸問題の解決をめざしています。SGHからWWLへと変容する渋渋がそうした期待を込めて描いたのが、ペガサスをシンボルとしたコンセプトマップです。学びの宇宙を駆け巡るペガサス。その各部位には、多岐に渡る教育活動が描かれています。さまざまな教育活動が縦横無尽に連携し合いながら、その翼を羽ばたかせ、理想に燃える他のペガサス達と共鳴しつつSDGs達成を目指して力強く駆けるようすが描かれています。

自調自考構想図

●「限界」と向き合う。その先に…

高校2年生では、サービスラーニング（社会貢献学習）を実践しています。生徒達は、日頃の授業で、地球社会が抱える諸問題について学びます。その中で特に興味のある問題を一人ひとりが選び、これまでに獲得した基礎知識をもとに調べて、考えを深めていきます。そして、その問題解決に向けて「自分は、どこで、だれと何をやるのか」具体的な計画を立て、いざ実際の社会で行動を起こします。そこで、学校で学んだことが社会を変える土台となることを多くの生徒が実感します。しかし、中には頭で理解していたことが現実では違うことや、問題があまりにも大きいということに気づき、自分の力に限界を感じることもよくあります。実は、これも学びの1つで、「では、どうしたらいいのか」とさらに自調自考します。体験を通して得た考えは発信することになっているので、他者から意見をもらうことできます。それにより、今の自分ではできないけれど「自分がこのような地位についたら」「こんな研究をしたら」問題解決の一助になれると、将来の自分像を具体化する生徒が多くいます。

●個性や強みを地球社会で活かす

「国際人としての資質を養う」ことは、渋谷教育学園渋谷中学高等学校の教育目標の1つです。国語や英語の授業ではディベートをして自分の意見を言い、互いの立場を理解しあ

いながら、考えを深めています。また、クラブ活動の1つである模擬国連部のように、地球規模で生じる諸問題について、調べ、議論し、そして、世界の舞台で発信していく場面もあります。しかし、そこでの「発信力」は、競争社会の中でNO.1になるためのものではありません。これまで海外で開催された数多くの大会で生徒たちが活躍する姿をそばで見てきた先生はこう語ります。「全人類が協力して解決すべき問題が山積みである現在、自分の意見を説得力を持って発信する力に加えて、相手の気持ちや多様な意見を尊重して上手に調整していく力を持つリーダーが求められています。前者は欧米人、後者は日本人の特性です。各国際会議で渋渋生が高評価を受けているのは、その両方を兼ね備えているからだと思います。」まさに、渋渋が掲げている「自調自考」の力と地球規模の思いやりを意味する「高い倫理感」を身につけた「国際人」を育てる、という目標につながります。以前の国際社会では、相手を打ち負かして競争に勝つ力が必要とされていましたが、これからはかえって問題解決の妨げになります。日本人ならではの特性はもちろん、一人ひとりの個性や強みを活かすことが自分にとっても世界にとっても大事なのです。先生方が子ども達と接するときに日ごろから大事にしている、「個性をどう生かして将来を歩むのか」。これは、まさに、これからの国際社会で活躍する人を育てていくときの重要な視点です。

協働型探究学習による
SDGs達成を担う
次世代型地球市民

捜真女学校中学部・高等学部

130年という時間の中でつむぎ出される愛の言葉たち

①献金(週1回、クリスマスの特別献金)→中村哲氏派遣のJOCSにも
②フィリピンの子どもたちの里親献金(1クラス1人)
③カンボジア学校建設と20年を超える支援
④被災地支援(東日本大震災・熊本地震など)
⑤オレンジリボン運動(児童虐待防止)
⑥感謝祭礼拝(お米や野菜などを持ち寄り、礼拝後寿町炊き出しへ)
⑦授業・礼拝・自然教室(宿泊修養会)や全校修養会(秋の一日)で内外の課題を学ぶ

全校生徒が関わる取り組みで

①寿町炊き出し(中2)
②ハンセン病施設である多磨全生園や神山復生病院訪問(中2)
③車いす体験
④白杖体験

①寿町炊き出し
②聖坂学園(障碍者のためのキリスト教学校)運営のオリブ工房・ナザレ工房製品販売(文化祭)や神ノ木ケアプラザとの交流やボランティア
③多磨全生園との交流
④JOCS支援の切手集め

0年

1886年(明治19年)
横浜の山手にあった聖書印刷所の2階で開校。

1890年(明治23年)
第2代校長クララ・A・カンバースが来日。校名を捜真女学校と改める。

1910年(明治43年)
神奈川区中丸に移転。共練会(生徒会)が発足。

総合学習などの取り組みさん

2016年(平成28年)
創立130年。山手の地に捜真女学校発祥の地の記念碑が建てられる。

1986年(昭和61年)
創立100年を迎える。チャペルにパイプオルガンが献納。

1980年(昭和55年)
女学校校舎が1号館から5号館までの建物となり、小学校校舎も新築(1983年)される。

 × ⇒

1945年(昭和20年)
5月29日の横浜大空襲によりわずか30分で燃え尽きる。関東学院の建物を借りて授業を再開。3年後に中丸に校舎が再建される。

1957年(昭和32年)
男女共学の小学校を開き、御殿場で自然教室を始める。

YWCA(創部から106年)で

インターアクトクラブで

①神奈川区内幼稚園・保育園での預かり保育等手伝い
②オーストラリア森林火災で被害を受けたコアラを救うための募金活動(昨冬)
③フェアトレード商品販売(文化祭)
④アジアの子どもたちにサンダルを贈るためのフリマ開催(文化祭)
⑤障害者作業所ボランティアと製品の販売(文化祭)
⑥日本語を母語としない小学生の学習支援
⑦海岸清掃や街頭募金など他校とコラボしての活動

自粛中でもSDGs　〜取り組みをリードした生徒たちの声〜

　2019年度も幅広く、世界中のことを考えて取り組みを進めていたSDGsにつながる活動。
　「寿町の炊き出し」「テーブル・フォー・2」「カンボジア委員会」「チョコ募金」「未来をつくるSDGs」「里親献金」……、みんなから出てきたアイデアや学校で育まれてきたこれまでの活動の結果、たくさんの取り組みが生まれていた。

　新型コロナウイルスの影響で、学校に行けなくなった。6年間の学校生活最後の1年なのに、どうして？　そう思っていたとき、一つの提案が届いた。
　「自粛中でも取り組めるSDGs、寿町にカップラーメンとマスクをとどけましょう。」こだわったことは、物資の提供以上のギフト。私たちの気持ちのこもった手紙をつけて、手紙でしか届けられないあたたかさを添えて、今困っている人たちに自分たちができることに取り組もう。

　学校に行けない時間の中で、メンバーは全校にむけて、さらに学校のホームページで呼びかけました。「ひとつの発信だけで、何ができるのだろう」そう思いながら、送信したメッセージ。在校生、まだ学校に通学できていない中学1年生、卒業した先輩、保護者や先生、たくさんの人たちが手紙を添えたカップラーメンやマスクを届けてくださいました。

　小さな動きが大きな反響を呼び、感謝とうれしさでいっぱいになりました。他者のために生きることの大切さ、他者への信頼が自分の中に育まれていることを感じました。活動中の友人からの声かけに喜びを感じ、アクションすることへの抵抗を乗り越えた自分を見つけました。

　先生のサポートも大きな支えでした。やりたいことを伝えたら、引っ張り上げてくれる存在は、私たちがブレーキをかけずに活動を続ける大きな力になりました。

　SDGsは私の世界からは見えないことを見る眼鏡。見えないはずだった世界を見ることで新たなビジョンが湧き上がってくる。他者とのつながりを大切にしていきたい。

　他者を知り、考えを深め、SDGsで世界とつながる時間を紡ぎ出していく。

○図書委員会によるアジアの子どもたちに絵本を届ける活動（2002年より国際ボランティア団体シャンティに参加。文化祭の古本市で毎年約10万円）

130年

100年

他にもたくさんの……

SDGs実行委で

①フェアトレードチョコレートの販売
②ガーナの児童労働を知る・知らせる取り組み
③テーブル・フォー・2（カフェテリアの食事20円分をアフリカの子どもの食事に）
④ステイホーム中に「自粛中でも取り組めるSDGs」のアイディアを募集し、HPで発信
⑤ステイホーム中に「寿町支援」を全校に呼びかけ、カップ麺とマスクを集め、メッセージを添えて寄付（入学式前の中1、卒業生も協力）

湘南学園中学校・高等学校

湘南学園中学校　高等学校独自の教育

　湘南学園は湘南の海や江ノ島も間近な、藤沢・鵠沼の地に、保護者と有識者が「自分たちの学校を創ろう」と誕生させた独自の私立学校で、2019年、創立85周年を迎えました。中高6ヶ年一貫教育を通じて、「個性豊かに気品高く、社会の進歩に貢献できる、明朗有為な実力ある人間の育成」を建学の精神に掲げ、グローバル社会への広い視野と認識をはぐくむため、独自のカリキュラムを編成しています。

湘南学園 ESD

2020年に開業7周年を迎えたカフェテリアは、在校生・卒業生の保護者が立ち上げたNPO法人によって運営されており、安心安全な食の提供と「食育」が展開されています。
家庭科の授業とのコラボレーションはもちろん、生徒たちのプロジェクトなどにも快く協力くださり、大切な学びの拠点にもなっています。生徒を見つめるスタッフのあたたかい眼差しは、この運営方式だからこそ得られる宝物です。

湘南学園 ESD

- POINT 01 総合学習
- POINT 02 グローバルな学び
- POINT 03 総合学習
- POINT 04 教科教育
- POINT 05 キャリアデザイン
- POINT 06 食育

社会と結びついた力を身に付ける

2020年2月11日に捜真女学校とのコラボプロジェクトで行われたイベント

6年間の教科教育を通して世界市民の育成を

湘南学園BYOD

湘南学園では2019年度の高校1年生よりBring Your Own DeviceでのICT端末の利活用を始めています。
生徒たちが好きな端末を持ち込み文房具として利活用することを推奨しています。

6年間の総合学習

中学1年　自他の理解と尊重
自分も他者も、かけがえのない存在であるという認識を持つ。

自分が生まれた時の様子や自分の良いところを家族や周囲の人に聞いたり、共有したりすることで、誰もが大切な存在であることをつかみます。そして、様々な活動を通し、一人ひとり違うことこそすばらしいという認識を育みます。

中学2年　身近な地域を知る
「湘南」の文化や産業を知り、協力・協働のあり方について学ぶ。

湘南という身近な地域で、観光、漁業、農業、環境保護などさまざまな分野で活躍する人々と出会い、体験学習を交えながら、地域を守り、育てるためにどのような努力や工夫をしているかを探ります。中学1年で学んだ「かけがえのない個人」の生活が人と人との協働によりつくられることを知ります。人と協力して物事に取り組むことの難しさやその価値を学ぶことは、自分たちのクラス集団や人間関係を見つめ直す機会ともなります。

中学3年　異なった地域を知る
生活圏外の地域で生活をする人々の生き方と出会うことで多様な価値観に触れる

「自分とは何か？」と考えはじめるこの時期にさまざまな人と出会うことで、自分の軸をどこに置くのかが見えてきます。自分たちの暮らす地域とは異なる環境に生きる人々から学ぶ「フィールドワーク」や「研修旅行」を通じ、多様な価値観や生き方の選択に触れることで、生徒たちは "どう生きるのか" を考えはじめます。

高校1・2年　日本、そして世界の諸問題に目を向ける
SDGsを切り口に世界を見つめ、課題解決の糸口を探る。

高校1・2年を通して「SDGs」がテーマとなります。2030年までの達成を目指して掲げられた17のゴールを見つめることで、現代社会の課題が見えてきます。そして、実際に見る、体験することでしか得られないものやわからないことがたくさんあるということをフィールドワークや研修旅行を通して学びます。中学の総合では多様な価値観に触れ、協働の大切さを学んできました。それらを土台に、世界的な課題にどう向き合い、どのような社会をつくっていくのかを考えます。

高校3年　持続可能な社会の担い手として
積み上げてきた学びをもとにこの社会でどう生きていくのかを考える。

実社会に生きる人たちとの出会いを通し、「自分が社会にどう関わりながら生きていくのか」「人間らしく生きられる社会をつくる主体者として、自分はどう歩めばいいのか」を自分の未来と重ね合わせ、考えます。また、6年間をともに過ごした仲間の想いや願いに触れることは、さらなる学びとなるでしょう。そして、持続可能な社会をつくる主体者として歩みはじめます。

学園が考えるグローバル市民とは？

理解し合うことの大切さ

ポーランド・リトアニア
ストーリーツアー

湘南学園の考えるグローバル市民とは、この地球上で起きていることを自分に引きつけて考えられる人間です。持って生まれた身体、生きてきた世界、出会ってきたもの、それらすべてがひとりひとり「ちがう」ということへの気づきがスタートラインとなり、だからこそ何を共有し、何を変革していくべきなのかを様々な角度から考えていくことが、きっと持続可能な未来をかたちづくることにつながるのだと湘南学園は考えています。

体育祭に向けた▶
生徒総会はオンラインで

休校中に生徒が企画した▶
YouTube Liveイベントでは新任の先生たちをご紹介

「いま」をしなやかにたくましく歩む力

2020年。先輩たちの姿を見ながら、いつか自分達も…とリーダー学年となった高校2年生。感染予防の観点から確かに活動には制限が生まれているけれども、そんな中でも「今できることを仲間と共に模索する」そんな文化が湘南学園にはあります。

歌を通して繋ぐ絆　ラストを飾る合唱コンクール

生徒自らが作り上げる「生徒主体」の学園祭

毎年更新される「一番楽しい体育祭」

 ×  ⇒ 毎日のすべてを学びに

桐蔭学園中等教育学校

　昭和39（1964）年４月、横浜の緑深い丘 陵地帯の一角に誕 生した桐蔭学園は50年以上の歴史を持つ学校です。創立50周 年を迎えた2014年、創立以来掲げている「自由・求学・道義・愛国」という４項目の建学の精神に、新たな一行が加わりました。それは、「自然を愛し、平和を愛する国際人たれ」という一項です。グローバル化、多様化の時代を進む一人ひとりが、多様な変化の激しい社会に適応し、地に足をつけ、自らの人生を切り開いていけるための自立的学 習 能 力を育てています。

　桐蔭学園中等教育学校を代表するクラブのひとつに、後期課程（４年〜６年）の模擬国連部があります。

　模擬国連部は2007年に国際問題に興味のある生徒たちが集まって発足しました。模擬国連とは、実際に発生している国際問題を、国連会議の形式で討論し、各国の立場を踏まえながら問題解決の方法を探るという活動です。この活動を通して、プレゼンテーション能 力・国際問題への問題意識の向上、多角的な視野の獲得を狙っています。全国大会では英語での討論、文書作成まで求められますが、模擬国連部は過去13回の全日本大会のうち10回を勝ち抜き（優 勝７回を含む。2020年現在）、ニューヨークで開催される世界大会に挑 戦しています。

2018年はウルグアイ大使としてニューヨークでの世界大会に挑みました

桐蔭学園中等教育学校模擬国連部のみなさんがまとめてくれたSDGsに関する記事の一部を紹介します。

What is SDGs？　〜持続可能な開発目標とは？〜

（Ⅰ）　SDGsとMDGs

SDGsとは2000年に国連で定められた目標であるMDGs（ミレニアム開発目標）を引き継いだものです。MDGsとSDGsを比べてみることで、世界のいまの姿とこれからの向かう方向性が見えてきます。

MDGs (2001〜2015) Millennium Development Goals	SDGs (2016〜2030) Sustainable Development Goals
ミレニアム開発目標	持続可能な開発目標
全8つの目標 それを支える 21のターゲット	全17の目標 それを支える 169のターゲット
発展途上国のための目標 国連の専門家主導	すべての国のための目標 国連全加盟国主導

MDGsは経済成長を通して発展途上国の生活を改善しようとした目標です。SDGsは発展途上国だけでなく、すべての国が「持続可能な開発」をなしとげるための目標として作られました。

（Ⅱ）　SDGsの「持続可能な開発」ってなに？

この「持続可能な開発」という言葉はSDGsのキーワードとなっています。この「持続可能な開発」という言葉は特に環境問題やエネルギー問題について使われます。

では、そもそもこの「持続可能な開発」というのはどのような考えなのでしょうか？「持続可能な開発」というのは、「目標」と「開発」を、互いに反するものではなく共存し得るものとしてとらえ、広い視野を持った開発をすることが可能であり重要であるという考えです。例えば、石油は私たちの生活においてなくてはならないものですが、石油には限りがあります。今の世代でたくさん使えば、後の世代では石油を思い通りに使えなくなってしまいます。それを避けるために、将来のことまで考えながら石油を使うことが「持続可能な開発」なのです。

SDGsではこの「持続可能な開発」という考えを取り入れることによって、未来の人々も平和に、安心してくらせることを目指しているのです。

桐光学園中学校・高等学校

　創立42年目を迎えた2019年、桐光学園は目の前の子ども達や、子ども達がおかれている環境と向き合う中で、子ども達が少し背伸びをしたら届きそうなものを目標としたいという思いから一つの決断をします。40年続いた学園の教育目標を「次世代（世界）のリーダー、真の（立派な）人格者を目指すこと」から、「他者との関わりの中で自己を高めていこう。　失敗を恐れず失敗から学んでいこう。　一生続けられる好きなことを見つけよう。」へと一新します。この新しい教育目標のもと、「TOKO SDGs」は産声をあげます。

　「TOKO SDGs」をつくった背景には、国連で決まった「SDGs」があります。「SDGs」の17のゴールはどれも世界にとっては重要な課題です。しかし、必ずしも中学生や高校生にとって切実な問題とは限りません。また、国連で17のゴールを決める過程に、桐光学園に通う生徒達は関わっていません。国連で決まった17の目標を、自分自身に関わることとして受け止められなかったとしたら、主体的には動けません。教育の中におけるSDGsの本来の趣旨は、中学生・高校生達が、地球規模の問題を身近に感じ、自分自身につながる課題として向き合っていくことの前に、日常の中に溢れる切実な課題に向き合い、自ら主体的に学び、取り組んでいけることなのではないかと考えました。

　まず動き出したのは「大学訪問授業」に生徒と共に一人の学び手として参加していた10名の先生達でした。生徒達と一緒に新しい試みを起こしたいという思いを持って、中学生・高校生が取り組めるテーマをいくつも出し合い、放課後、昼休みの時間を使い、100時間近くの議論をくり返します。そこで決まったのが「TOKO SDGs」の17のゴールです。ゴールの言葉は、広がりをもたせるために抽象的なものになるように意識したそうです。有志の先生達は、17のゴールを作った後、TOKO SDGs委員会を作ろうと、中学校１年生から高校３年生までのおよそ3000人の全生徒に、委員募集のメールを発信。メールは各家庭に届き、保護者もその取り組みを知ることとなります。そして、中学１年生から高校３年生のおよそ200人の生徒が集いました。集まった生徒達は、それぞれのゴールに対して、10の具体的なターゲットを作りました。生徒達はそれぞれ、興味があることや、考えてみたいこと、向き合ってみたいゴールを選びました。ですから、１つのゴールに対して考える仲間が20人以上のところもあれば、０人のところもありました。ターゲットの作り方も、グループによって異なりました。紙に書いて投票するグループもあれば、議論するグループもありました。その時、先生方が大切にしたことは、ターゲット作りの過程です。生徒達が自ら「調べる→自分の意見を作る→人の意見を聞く→自分の意見を作り直す、磨く」というサイクルを大事にして、自分自身の学びを育てられるように、サポートに徹したといいます。そのとき出た意見や発想は、先生方が考えつかないようなものもあったそうです。

　こうしてできた「TOKO SDGs」は、ここまでの準備段階を経て、2020年、活動段階へと移るといいます。実際の活動は、今まで以上に生徒達の主体性に委ねていくそうです。国連で決められた、すでにあるゴールに取り組むよりも、自分達で決めたゴールだからこそ、より主体的に取り組めるものであるともいえます。

　これから具体的に動きだす「TOKO SDGs」。学園の教育目標を変えたように、17のゴールと170のターゲットは、どちらも流動的。これから実際に活動してみて、「違うな」とか、「今に合わないな」と思えば変えるそうです。１度決めたことを変えてもよいと言えるのも、先生方がここまでの生徒の取り組みからパワーを感じとり、信頼し合える関係ができているからです。桐光学園の先生方と生徒達の取り組みは、これから加速し、新たな学びと実態のある実績をつくっていきます。

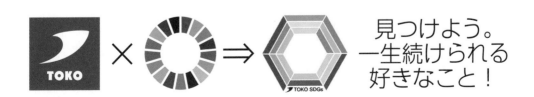

八雲学園中学校・高等学校

《模擬国連》 環太平洋国際模擬国連会議

WHO（世界保健機関）に参加し、「子どもと青少年における精神的健康の危機」について話し合いました。

生徒の感想

・会議全体を通して、議論の進め方、相手の考えの受け入れ方などを学び、自分とは異なる立場の国への理解が深まったと思います。自分から交渉し、発言した時は達成感がありました。

・自分と同年代の人たちが、世界の国々がどう協力していけばよいのか、こんなにも具体的なアイディアを考えつくことに、とても刺激を受けました。物事を多角的に見つめ、可能な限り多くの国々に利益が出る形の解決策を見出すことが大事だと気付きました。

《文化体験教室》 Yale大学との交流

Yale大学 Whim'n Rhythm アカペラコンサート・授業交流が行われました。中学生は書道や折り紙、高校生は調理実習やフリートークで交流しました。英語が伝わる喜びを感じ、英語を学ぶ意欲をさらに高めた生徒も多くいます。

生徒の感想

・今年も素晴らしいコンサートを聞くことができてとてもうれしかったです。あんなに気持ちよく歌うことができたらどんなに楽しいだろうと思いました。

・本当に「アカペラなの？」と思うぐらい感動しました。家で歌を調べて聴いてみたら、色んなところがアレンジされていて普段は経験できないことで貴重な体験でした。

・歌っている人が楽しそうで、その楽しさが伝わってきました。八雲の声楽部とグリー部がコラボしていて、世界で一つだけの「音楽」になったと思います。

ダライ・ラマ法王14世特別講演

生徒の感想

・自分の道と他人の道とがぶつかったとしても、自分は「こうしたい」と思うことで、心にある不安や焦りもなくなっていく、そのことを教えて下さったのはこれからの私の人生にとっても勉強になることだと思いました。

・平和であることに感謝して一人の人間として生きていくことを意識するのが大切だと思いました。私も笑顔を大切にすれば周りも明るくなり、自分自身の心も穏やかになると考えていたので、お話を聞いていてとても面白かったです。

・相手と会話することでお互いに理解し合う事、戦争や暴力ではなく相手と向き合うことは国と国においても人と人、自分においてもあてはまる大切な事だと思いました。これから先も今の自分にできること「笑顔で日々のあいさつをする」ことを一層心がけていこうと思いました。

《ボランティア活動》 スポーツフェスティバル

子どもたちや知的障害者とともにスポーツを楽しみました。

生徒の感想

・最初はどんな風に接していけばよいのかわからず不安でしたが、子供たちと会ってみると心配することは何もなく、私たちも一緒になって楽しむことができました。できなくても一生懸命取り組むことは大事なことだと改めて感じました。できなかったことができるようになったときの嬉しそうな表情はとても印象的でした。

・普段何気なく行動していることがその子たちにとっては難しいことであることを改めて感じました。実際に接してみることで、様々な緊張感を感じ、とても良い刺激を受けました。本当にたくさんの方々と関わり、協調性や社会性など、たくさんのことを学びました。

《文化体験教室》　映画「シンプル・ギフト〜はじまりの歌声〜」

　エイズで親を失くしたウガンダの子どもたちと東日本大震災で津波に親を奪われた東北の子どもたちが、ブロードウェイの舞台に挑戦する軌跡を追った作品です。篠田伸二監督から、撮影の様子や作品に登場した子どもたちのその後についてなど、貴重なお話もしていただきました。

生徒の感想

・とにかく感動しました。涙が止まりませんでした。私たちはこんなに優雅な生活ができているのに、他の国も同じではなく貧富の差が激しいのだなと思いました。それと同時にこのような豊かな生活ができているというのはありがたいことなのだなと改めて思えるような映画だったと思います。

・学校に通えたり、食事が出来て、自分の時間があることは当たり前ではないことを感じました。アフリカの子どもたちはダンスをしている時が一番好きと言っていて、踊ることの意味や思いに気付くことができました。まだまだ世界中には苦しい思いをしている人が少なくないと思いました。今、私にできることがないかを考えて、貧困のない世界にしていけたら良いと思いました。

《文化体験教室》　音楽座ミュージカル「泣かないで」

生徒の感想

・ハンセン病患者たちへの無償の愛は、今の私たちにとってはなかなかできない素晴らしい行いという風に見えました。でも、これは本当は誰もがそうするべき、人間としての当たり前の行いだったのではないかと感じられました。

・人との1回1回の出会い、そして他人のために尽くし、一生懸命に今を生きることについて改めて考えさせられました。

・このミュージカルをみて感じたのは、世の中は決して平等ではないけれど、その中で自分がどう幸せをみつけられるかが重要だということです。

グローバルリーダー

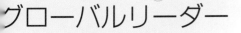

ソーシャルワークin釜石

　2泊3日で岩手県釜石市を訪れました。さまざまな場所を巡りながら、副市長や地元の中高生、在住者の方々からお話を聞き、主に人口減少に伴う様々な社会課題を理解し、「交流人口、関係人口を増やすためのアイディア」を考え、最終日にはプレゼンテーションを行いました。

生徒の感想

・地方創生について、釜石だけでなく将来の東京にもいかせる様々な取り組みを考えることが必要だと感じました。また、釜石の方々のように、自分から行動を起こすこと、そして自分の将来と地域の将来をてらしあわせて考えている姿に、とても感銘を受けました。自分ももっと視野を広げたいと思うと同時に、自分の将来を見つめ直したいと思いました。

都立大学クリーンキャンペーン

　都立大学駅から八雲学園周辺までを地域の方々とともに清掃しました。

生徒の感想

・普段、学校の清掃活動を行っていますが、また違った雰囲気でした。地域の方々とお話ししながら取り組む時間は貴重なものになりました。

・毎日何気なく通っている登校路は、意外にも汚れているところがありました。そこに気づくことができ、精一杯清掃活動を行うことができました。また、地域の方々からこの地域の以前の姿をたくさん話して頂き、多くのことを知ることができました。これからもこの地域と学校の周りを大切にしていきたいと心から思える活動になりました。

湘南学園×捜真女学校　中高生のための

イベントでなく継続。有志から学校全体へ、さらには全ての私学が共に！

　2020年2月11日、よく晴れた休日に、横浜のみなとみらいにあるクイーンズスクエアで、「中高生×未来のためのSDGs MARKET」は開かれました。イベント会場費として生徒達がクラウドファンディングで集める目標金額は65万円。開催前日、102名の支援で生徒達の目標は達成しました。

　SDGsホイールが中央に輝く特設の舞台を中心に、思いを綴る「treeプロジェクト」、インスタ映えする「SDGs Wing、#SDGsコーナー」、「SDGsすごろく」、「SDGsパズルブロック」。さらには両校図書館委員会が開いた「絵本づくりワークショップ」と「古本市」。加えて、この試みを応援する地球に優しい企業が集いました。

　ステージ企画のトップバッターは、捜真女学校放送部が制作したSDGs動画。準備したDVDが再生できないというハプニングに、両校生徒と支援する大人達の連携が強まります。会場の雰囲気を作り続ける湘南学園の生徒。裏では、湘南学園の保護者がPCを取り替える対応、会場のあちらこちらで集まった人々と対応する生徒達。イベントスタッフや見学者が見守る中で数分の遅れで動画が流れました。静かな音楽と共にSDGsを伝える動画に会場が静けさに包まれます。続いて、捜真女学校バトン部と新体操部によるダンスパフォーマンス。静けさから華やかさへ会場の質がさらに高まっていきました。

　湘南学園書道部による大字パフォーマンスでは、会場に集った人の中から12名の有志が手を上げました。1グループ6名に分かれ、一人一画で筆を取り、パートナーシップを発揮しながら「未来」の二文字を書き上げます。

SDGs MARKET

　捜真女学校図書委員による活動発表では、国連がSDGsを打ち出す前から続く、私学の活動が伝えられました。

　午後のスタートは、湘南学園の保護者コーラスと湘南学園合唱部の初のコラボ企画。「ドレミの歌」が会場に美しく響きわたりました。続いて、会場設置のモニターに歌詞が映し出され、会場と共に「大きな古時計」の合唱、最後は「パプリカ」。その場に集った人々が歌声をひとつに両手を上げて手拍子、子ども達はダンス。会場はあたたかい雰囲気に包まれます。

　その後、湘南学園卒業生のシンガーソングライターによる弾き語りが続きます。彼女は在学中、クラスの一年の思い出を綴る歌をつくり、学内合唱コンクールで優勝した過去がある大学生です。後輩達の応援に駆けつけました。特設会場の最後を飾ったのは両校軽音部による演奏。ドラムにベース、ギターが鳴り響き、会場が盛り上がります。

　中高生の試みをサポートしている企業や、大学生グループも一緒に場をつくります。中高生から大学生、そして社会人へと熱気はどんどん伝わっていきます。

　6時間におよんだ今回のイベントのフィナーレは、メンバー全員で声を上げてのカウントダウン。それは終わりを告げるというよりも、新たなスタートに向けてのカウントダウンのようでもありました。

　今回は、重なる偶然を必然へと変えていく中で実現したイベントだったと生徒も保護者も先生も語ります。だからこそ、「イベントから継続へ、有志から学校全体へ、学校全体から全ての私学へ、そして共に」と、多くの生徒、保護者、先生が今回の活動の未来をそれぞれの立場から語り、未来につながる"今"をともに過ごしました。

中高生 × 未来のための
SDGs MARKET

中高生のためのSDGs MARKET参加者の声

●バトン部・新体操部メンバーの声

　私達は高2で部活動はすでに引退しています。引退後にこんな大きなステージに立つ機会があるとは思っていませんでした。達成感もあったし、見に来ていた小さな男の子が「かわいかった！」と感想を伝えてくれて嬉しくて、このイベントで伝わるものはたくさんあると思いました。

　SDGsのイベントにパフォーマンスで関わるということについては、中高生と大人、学校と企業などのように、年齢や所属する組織をこえて協力して進めていくものだと感じています。社会に貢献したくても一人ではなかなか一歩を踏み出せないけれど、このイベントはその一歩になりました。みんなで関われるっていいなと思います。

●保護者の声

息子さんの活動について（母親）

　小学校のころから、社会貢献、国際連合の仕事などに興味を持っていました。先生方も生徒達がやりたいことをやれるよう、自主性を重んじながら支えてくれているように感じています。活動しているようすを見ていて、学校をこえ、さまざまな人に会い、学校の中で閉じないというのがいいなと思います。勉強することは大切だと思いますが、勉強したその先に何があるのか、どんなことをやりたいのかが大切ですよね。そういうことを見つけて進んでいるのがうれしいです。

娘さんの活動について（父親）

　正直、娘がどんなイベントに関わっているかよく知らないまま来ました。学校が娘達のやりたいことを後押ししてくれるのがうれしいです。他の学校とコラボレーションすることで世界が広がっていくのもいいですよね。今日集まっているのは、捜真女学校「父親の会」のメンバーです。数日前、舞台設営の資金を見積っていないことがわかり、急きょメーリングリストを通して集まりました。女子校なので、娘達はふだんならば自分達で力仕事も全部やっているのだと思います。ただ、今回は、短い時間でかなり重いものを運んだり組み立てたりしなくてはならないということで、「父親の会」の出番となりました。イベントに関わっている生徒の父親だから、ということではないメンバーがたくさんいます。捜真の子達皆が自分の娘達という感覚で見守っています。

●アクリルスポンジを販売していた大学生の声

　私は今回イベントを企画し、運営した2つの学校の卒業生ではありません。私達の活動がSDGsの目指すことと大きく重なっているのもあり、母が捜真女学校で教えていることがきっかけで参加しました。一緒に参加しているのはボランティアでベトナムを訪れたときに出会った仲間です。販売しているアクリルスポンジは300円。100円は材料費に、100円はベトナムでこのスポンジをつくってくれた女性達に、そして残りの100円は女性達がくらす村の環境整備に使われます。年に一度材料を持って現地に行き、滞在中に女性達がスポンジを作ります。それを持ちかえって販売し、収益と材料を持ってまた次の年に行く、これを継続していきます。自分達よりも若い人達が企画したイベントに参加することができて、うれしいです。

参加した両校の生徒達の声

- 今回のイベントが、私達にとって最良のものかどうかは分からない。けれど、やってよかったと思っている。まじめじゃないときもあったけれど、最後になるにつれて、どんどん真剣になっていった。
- それぞれに役割があって、前に出るメンバーもいれば、後ろで支えるメンバーもいる。それがいいところだと思う。
- イベントをつくりあげてきた仲間全員に手紙を書いたのだけど、今日一日を過ごす中で伝えたいことがあふれてきて全部書き直したくなってしまった。
- Treeを書いてくれた子ども達が、真剣に未来のことを考えていてびっくりした。
- イベントに参加して、自分が未来をつくる社会の一員になれた気がした。
- 一人ではできないことを、一緒にできる仲間がいてくれてよかった。支えてくれている人達にも感謝の気持ちを伝えたい。
- 学校や家では多くの人達に見てもらうことができない。このイベントを通して見てくれる人達がたくさんいる中で、自分達の取り組みを伝えることができて良かった。
- 先生も生徒もないよね。一緒にやっている仲間だよ。

湘南学園×捜真女学校
中高生のためのSDGsマーケット実施までの歩み

2019年7月の「中高生SDGsフォーラム」を通じて、ふたつの学校はフェアトレードチョコを題材にした活動をしていることを知りました。力を合わせたら、今よりももっと未来に対して働きかけることができる。ふたつの学校は、共同イベントを立ち上げました。「2月11日、地元神奈川で『中高生×未来のためのSDGs Market』を開催する」「みなとみらいで夢を叶える」「イベントコンセプトは、いっしょに未来を変える『旅』しませんか?」 共同のチャレンジが始まりました。まず、立ちはだかった難関は共に集まること。学校が終わった後や休みの日に時間をつくり、メンバー達は準備を進めます。さらなる難関はクラウドファ

湘南学園編

2019年1月末、神奈川県が全国の自治体と連携して「SDGs全国フォーラム2019」を開催しました。その場に湘南学園中学校高等学校の生徒達が登壇し、次世代からのメッセージを発信しました。その中の一人の生徒の思いがきっかけの一つになって起こった試みです。

彼の登壇のきっかけは、利き手の骨折。利き手が使えず時間を余しているところに、偶然、先生から声をかけられたそうです。彼は、この偶然の種を必然の木へと育てていきます。登壇を終えて彼が思ったことは、「SDGsをテーマにフォーラムを開く大人達をみて、自分達高校生の手でもSDGsをテーマにしたフォーラムを開こう!」でした。

そして彼は動き出したのです。まさに今回の試みは、2013年にユネスコスクールとなり、湘南学園としてのESD(持続可能な開発のための教育)を育み続ける土壌に育った大きな木の一つといえます。彼を行動へと突き動かす種は、日能研生時代の学びにもあったといいます。子どもの心に火を起こすことを大事にするスタッフから学んだ「視野 ―自分の世界から他者との世界へ―」だといいます。小学校のときに心動かされた言葉が、自分自身の行動を支え、仲間と共に動きだすための力になったのです。

中高生の心に火をつけよう! と企画した「中高生SDGsフォーラム」は、2019年7月に実施されました。フォーラムには、捜真女学校、自修館など70名の生徒達が集ったそうです。ここで再び偶然が起こります。「捜真 チョコ・プロジェクト」のメンバーとの出会いでした。同じチョコをテーマにした2つの学校が出会い、共に道を歩むという思いが湧きたったのです。

ンディングによる資金集めです。こうした難関を乗り越えたメンバーが会場設営や当日運用も、中学生・高校生が中心となって行うことにチャレンジしました。2019年12月、今回のイベントに先立って行われた、『みらいをつくる超・文化祭』。持続可能な未来を目指し、「何か行動したい」という想いを持った学生と大人がともに出会い、社会に向けてアクションを起こす、という目的で開催されたイベントです。今回のイベントの告知や応援をしてくれる大人達と出会うために、彼ら彼女らはこの集いに参加しました。プレゼンテーションのほかにスペースを使って、これまでにそれぞれの学校が取り組んできた活動が展示されました。この展示がフェアトレードチョコやアクリルたわしの販売、森林伐採のVRを通して自分達の活動や想いを伝える機会となったと捜真女学校の生徒は語ります。また、他校の取り組みを見て新たな発見をしたり、もっともっと出来ることがあることを感じたりすることが自分達の甘さを痛感する機会にもなったのだそうです。

捜真女学校編

　2018年冬、家庭科の授業中に先生は１本の映像を生徒達と共有しました。チョコレートをめぐる児童労働についての映像です。授業に参加していた高校２年生が、１つのプロジェクトを立ち上げました。「捜真チョコレートプロジェクト」です。

　「チョコレートを買うことが、場合によっては児童労働を支援するような行動になっている。自分達が何気なく過ごしている実生活でも、それは世界とつながっている」このメッセージを受け取った生徒の内側に、「知って終わりでいいの？」「世界の悲劇に同情して終わりでいいの？」という問いが生まれました。

　「知ってしまった責任がある」「自分達の日々の行動が、世界の悲劇につながっているならば、自分達の意図的な行動が、世界を変えるきっかけになる」。彼女達は、フェアトレードチョコレートを校内で販売し、バレンタインデーの習慣を問い直す提案をします。プロジェクトメンバーは自分達の行動を実現するために、先生との話し合いを重ねました。生徒と先生が互いの考えをぶつけ合いながら、最善の道を模索し続けたのです。そして、フェアトレードチョコレートとチョコステッカーの販売が実現しました。

　2019年、高校３年生になった彼女達は、湘南学園中学校高等学校の生徒達が行っている「中高生SDGsフォーラム」に参加します。きっかけは図書館司書の先生からの声かけでした。「あなた達が選んだ本を通して、たくさんの面白そうなメッセージが届いているの。『中高生SDGsフォーラム』に参加してみない？」チョコレートをテーマにして新たな行動を起こしている２つの学校が共に道を歩むきっかけが生まれた瞬間です。

おわりははじまり

『改訂新版　SDGs（世界の未来を変えるための17の目標）　2030年までのゴール』（みくに出版）を手に取ってお読みいただき、ありがとうございます。2016年につくられて以降、毎年2月に中学入試が実施されるたびに、その年に出題された問題をもとに「第3章　私学とSDGsを重ねていこう」の追補版が作成され、私学へ学び進んでいく子ども達と共有されてきました。

　今回の改訂新版では、採択後5年が経過する中での世界的な動きと、2020年度中学入試までに出題された内容をふまえて、内容に加筆や修正を加えています。SDGsをツールとして使い、『改訂新版　SDGs（世界の未来を変えるための17の目標）　2030年までのゴール』が光を当てたのは私学の活動と入試問題であることには、変わりがありません。

　各学校はそれぞれ、その学校の教育に対する考えを中学入試問題という形で具体化しています。2015年に国連でSDGsが採択された時点よりも、過去30年近くさかのぼってみても、入試問題の中にSDGsとつながっている問題を確認することができます。私学が出題してきたたくさんの問題が、SDGsとつながっているのです。もちろん、入試問題としてつくられたものだけがSDGsとつながっているわけでもありません。それぞれ学校が取り組んでいる伝統的な活動や新しく動き出したばかりの活動が、本当にSDGsを使って分類、分析できることがわかりました。"世界につながっている今"や"未来につながっている今"を私学の活動や入試問題を通して見ることができます。

　これまでに冊子を通して紹介できたのは、私学の活動の中のほんの一部です。私学の世界の中には、もっと広い視野で世界をとらえていく、地球という星で生きる私達自身に焦点が当たっている、ワクワクするような活動がたくさんつまっています。私学が先行して示してきた世界は、新学習指導要領を通して、時間をかけて公立学校でも広がっていきます。もっともっと今ある良質な学びを認め、拡大していきましょう。

　その想いを、日能研は次のようなカードにして表現しました。

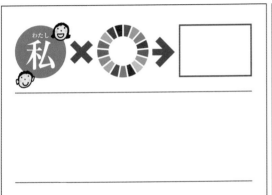

私学の世界には、広い視野で世界をとらえていく、
地球という星で生きる私たちに焦点が当たっている、
ワクワクするような活動がたくさん詰まっています。
"枠から飛び出す"にチャレンジするチカラを持つこと。
"当たり前を見直すこと"で、新しい一歩をふみ出すチカラを持つこと。
"世界に、未来につながっている今"を、自分の身近に見つけるチカラを持つこと。
SDGsというツールを使って、具体化、全体化をしていきましょう。

そしてこれまで、このカードを使って、私学に学び進む子ども達、私学の学びをつくり続けている生徒達、そして先生達が自らのチャレンジを、理由とともに言葉にしてくれています。

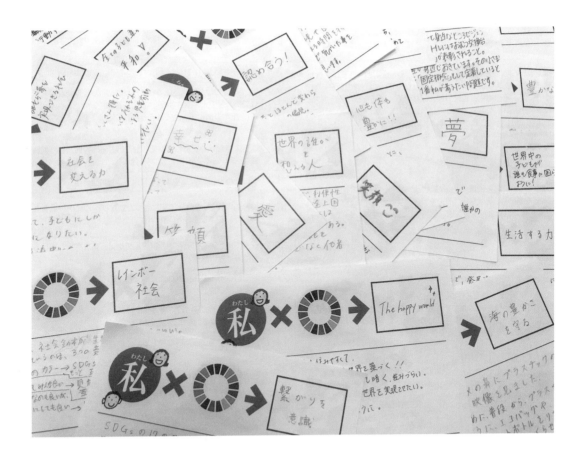

"おわりははじまり"。この小冊子を手に取り読んだあなたが今、ここにいます。SDGsというツールを通してさまざまな私学の学びに触れたあなたが、今、ここから始まるアクションを言葉にするチャレンジをしてみましょう。どんな言葉がつむぎだされるでしょうか？　その言葉にした理由と共に書き記し、新しいスタートを切りましょう。

付表 各ゴールのターゲットと指標

最終更新日：2019年8月

国連統計部の以下のURLに掲載されている指標：総務省で仮訳
https://unstats.un.org/sdgs/indicators/indicators-list/

あらゆる場所のあらゆる形態の貧困を終わらせる ▶25ページ

ターゲット	指標（仮訳）
1.1 2030年までに、現在1日1.25ドル未満で生活する人々と定義されている極度の貧困をあらゆる場所で終わらせる。	1.1.1 国際的な貧困ラインを下回って生活している人口の割合（性別、年齢、雇用形態、地理的ロケーション（都市/地方）別）
1.2 2030年までに、各国定義によるあらゆる次元の貧困状態にある、全ての年齢の男性、女性、子供の割合を半減させる。	1.2.1 各国の貧困ラインを下回って生活している人口の割合（性別、年齢別）
	1.2.2 各国の定義に基づき、あらゆる次元で貧困ラインを下回って生活している男性、女性及び子供の割合（全年齢）
1.3 各国において最低限の基準を含む適切な社会保護制度及び対策を実施し、2030年までに貧困層及び脆弱層に対し十分な保護を達成する。	1.3.1 社会保障制度によって保護されている人口の割合（性別、子供、失業者、年配者、障害者、妊婦、新生児、労務災害被害者、貧困層、脆弱別）
1.4 2030年までに、貧困層及び脆弱層をはじめ、全ての男性及び女性が、基礎的サービスへのアクセス、土地及びその他の形態の財産に対する所有権と管理権限、相続財産、天然資源、適切な新技術、マイクロファイナンスを含む金融サービスに加え、経済的資源についても平等な権利を持つことができるように確保する。	1.4.1 基礎的サービスにアクセスできる世帯に住んでいる人口の割合
	1.4.2 (a)土地に対し、法律上認められた書類により、安全な所有権を有している全成人の割合（性別、保有の種類別） (b) 土地の権利が安全であると認識している全成人の割合（性別、保有の種類別）
1.5 2030年までに、貧困層や脆弱な状況にある人々の強靱性（レジリエンス）を構築し、気候変動に関連する極端な気象現象やその他の経済、社会、環境的ショックや災害に暴露や脆弱性を軽減する。	1.5.1 10万人当たりの災害による死者数、行方不明者数、直接的負傷者数（指標11.5.1及び13.1.1と同一指標）
	1.5.2 グローバルGDPに関する災害による直接的経済損失
	1.5.3 仙台防災枠組み2015-2030に沿った国家レベルの防災戦略を採択し実行している国の数（指標11.b.1及び13.1.2と同一指標）
	1.5.4 国家防災戦略に沿った地方レベルの防災戦略を採択し実行している地方政府の割合
1.a あらゆる次元での貧困を終わらせるための計画や政策を実施するべく、後発開発途上国をはじめとする開発途上国に対して適切かつ予測可能な手段を講じるため、開発協力の強化などを通じて、さまざまな供給源からの相当量の資源の動員を確保する。	1.a.1 政府によって貧困削減計画に直接割り当てられた国内で生み出された資源の割合
	1.a.2 総政府支出額に占める、必要不可欠なサービス（教育、健康、及び社会的な保護）への政府支出総額の割合
	1.a.3 貧困削減計画に直接割り当てられた助成金及び非譲渡債権の割合（GDP比）
1.b 貧困撲滅のための行動への投資拡大を支援するため、国、地域及び国際レベルで、貧困層やジェンダーに配慮した開発戦略に基づいた適正な政策的枠組みを構築する。	1.b.1 女性、貧困層及び脆弱層グループに重点的に支援を行うセクターへの政府からの周期的な資本投資

飢餓を終わらせ、食料安全保障及び栄養改善を実現し、持続可能な農業を促進する ▶29ページ

ターゲット	指標（仮訳）
2.1 2030年までに、飢餓を撲滅し、全ての人々、特に貧困層及び幼児を含む脆弱な立場にある人々が一年中安全かつ栄養のある食料を十分得られるようにする。	2.1.1 栄養不足蔓延率（PoU）
	2.1.2 食料不安の経験尺度(FIES)に基づく、中程度又は重度な食料不安の蔓延度

ターゲット	指標（仮訳）
2.2　5歳未満の子供の発育阻害や消耗性疾患について国際的に合意されたターゲットを2025年までに達成するなど、2030年までにあらゆる形態の栄養不良を解消し、若年女子、妊婦・授乳婦及び高齢者の栄養ニーズへの対処を行う。	2.2.1　5歳未満の子供の発育阻害の蔓延度（WHO子ども成長基準で、年齢に対する身長が中央値から標準偏差-2未満）
	2.2.2　5歳未満の子供の栄養不良の蔓延度（WHOの子ども成長基準で、身長に対する体重が、中央値から標準偏差+2超又は-2未満）（タイプ別（やせ及び肥満））
2.3　2030年までに、土地、その他の生産資源や、投入財、知識、金融サービス、市場及び高付加価値化や非農業雇用の機会への確実かつ平等なアクセスの確保などを通じて、女性、先住民、家族農家、牧畜民及び漁業者をはじめとする小規模食料生産者の農業生産性及び所得を倍増させる。	2.3.1　農業/牧畜/林業企業規模の分類ごとの労働単位あたり生産額
	2.3.2　小規模食料生産者の平均的な収入（性別、先住民・非先住民の別）
2.4　2030年までに、生産性を向上させ、生産量を増やし、生態系を維持し、気候変動や極端な気象現象、干ばつ、洪水及びその他の災害に対する適応能力を向上させ、漸進的に土地と土壌の質を改善させるような、持続可能な食料生産システムを確保し、強靭（レジリエント）な農業を実践する。	2.4.1　生産的で持続可能な農業の下に行われる農業地域の割合
2.5　2020年までに、国、地域及び国際レベルで適正に管理及び多様化された種子・植物バンクなども通じて、種子、栽培植物、飼育・家畜化された動物及びこれらの近縁野生種の遺伝的多様性を維持し、国際的合意に基づき、遺伝資源及びこれに関連する伝統的な知識へのアクセス及びその利用から生じる利益の公正かつ衡平な配分を促進する。	2.5.1　中期又は長期保存施設に保存されている食料及び農業のための植物及び動物の遺伝資源の数
	2.5.2　絶滅の危機にある、絶滅の危機にはない、又は、不明というレベルごとに分類された在来種の割合
2.a　開発途上国、特に後発開発途上国における農業生産能力向上のために、国際協力の強化などを通じて、農村インフラ、農業研究・普及サービス、技術開発及び植物・家畜のジーン・バンクへの投資の拡大を図る。	2.a.1　政府支出における農業指向指数
	2.a.2　農業部門への公的支援の全体的な流れ（ODA及び他の公的支援の流れ）
2.b　ドーハ開発ラウンドのマンデートに従い、全ての農産物輸出補助金及び同等の効果を持つ全ての輸出措置の同時撤廃などを通じて、世界の市場における貿易制限や歪みを是正及び防止する。	2.b.1　農業輸出補助金
2.c　食料価格の極端な変動に歯止めをかけるため、食料市場及びデリバティブ市場の適正な機能を確保するための措置を講じ、食料備蓄などの市場情報への適時のアクセスを容易にする。	2.c.1　食料価格の変動指数（IFPA）

3　あらゆる年齢のすべての人々の健康的な生活を確保し、福祉を促進する　▶33ページ

ターゲット	指標（仮訳）
3.1　2030年までに、世界の妊産婦の死亡率を出生10万人当たり70人未満に削減する。	3.1.1　妊産婦死亡率
	3.1.2　専門技能者の立ち会いの下での出産の割合
3.2　全ての国が新生児死亡率を少なくとも出生1,000件中12件以下まで減らし、5歳以下死亡率を少なくとも出生1,000件中25件以下まで減らすことを目指し、2030年までに、新生児及び5歳未満児の予防可能な死亡を根絶する。	3.2.1　5歳未満児死亡率
	3.2.2　新生児死亡率
3.3　2030年までに、エイズ、結核、マラリア及び顧みられない熱帯病といった伝染病を根絶するとともに肝炎、水系感染症及びその他の感染症に対処する。	3.3.1　非感染者1,000人当たりの新規HIV感染者数（性別、年齢及び主要層別）
	3.3.2　10万人当たりの結核感染者数
	3.3.3　1,000人当たりのマラリア感染者数
	3.3.4　10万人当たりのB型肝炎感染者数
	3.3.5　「顧みられない熱帯病」（NTDs）に対して介入を必要としている人々の数
3.4　2030年までに、非感染性疾患による若年死亡率を、予防や治療を通じて3分の1減少させ、精神保健及び福祉を促進する。	3.4.1　心血管疾患、癌、糖尿病、又は慢性の呼吸器系疾患の死亡率
	3.4.2　自殺率

ターゲット	指標（仮訳）	
3.5 薬物乱用やアルコールの有害な摂取を含む、物質乱用の防止・治療を強化する。	3.5.1	物質使用障害に対する治療介入（薬理学的、心理社会的、リハビリ及びアフターケア・サービス）の適用範囲
	3.5.2	1年間（暦年）の純アルコール量における、（15歳以上の）1人当たりのアルコール消費量に対しての各国の状況に応じ定義されたアルコールの有害な使用（ℓ）
3.6 2020年までに、世界の道路交通事故による死傷者を半減させる。	3.6.1	道路交通事故による死亡率
3.7 2030年までに、家族計画、情報・教育及び性と生殖に関する健康の国家戦略・計画への組み入れを含む、性と生殖に関する保健サービスを全ての人々が利用できるようにする。	3.7.1	近代的手法によって、家族計画についての自らの要望が満たされている出産可能年齢（15～49歳）にある女性の割合
	3.7.2	女性1,000人当たりの青年期（10～14歳；15～19歳）の出生率
3.8 全ての人々に対する財政リスクからの保護、質の高い基礎的な保健サービスへのアクセス及び安全で効果的かつ質が高く安価な必須医薬品とワクチンへのアクセスを含む、ユニバーサル・ヘルス・カバレッジ（UHC）を達成する。	3.8.1	必要不可欠な保健サービスのカバー率（一般及び最も不利な立場の人々についての、生殖、妊婦、新生児及び子供の健康、感染性疾患、非感染性疾患、サービス能力とアクセスを含む追跡可能な介入を基にした必要不可欠なサービスの平均的なカバー率と定義）
	3.8.2	家計の支出又は所得に占める健康関連支出が大きい人口の割合
3.9 2030年までに、有害化学物質、並びに大気、水質及び土壌の汚染による死亡及び疾病の件数を大幅に減少させる。	3.9.1	家庭内及び外部の大気汚染による死亡率
	3.9.2	安全ではない水、安全ではない公衆衛生及び衛生知識不足（安全ではないWASH（基本的な水と衛生）にさらされていること）による死亡率
	3.9.3	意図的ではない汚染による死亡率
3.a 全ての国々において、たばこの規制に関する世界保健機関枠組条約の実施を適宜強化する。	3.a.1	15歳以上の現在の喫煙率（年齢調整されたもの）
3.b 主に開発途上国に影響を及ぼす感染性及び非感染性疾患のワクチン及び医薬品の研究開発を支援する。また、知的所有権の貿易関連の側面に関する協定（TRIPS協定）及び公衆の健康に関するドーハ宣言に従い、安価な必須医薬品及びワクチンへのアクセスを提供する。同宣言は公衆衛生保護及び、特に全ての人々への医薬品のアクセス提供にかかわる「知的所有権の貿易関連の側面に関する協定（TRIPS協定）」の柔軟性に関する規定を最大限に行使する開発途上国の権利を確約したものである。	3.b.1	各国の国家計画に含まれる全てのワクチンによってカバーされている対象人口の割合
	3.b.2	薬学研究や基礎的保健部門への純ODAの合計値
	3.b.3	持続可能な水準で、関連必須医薬品コアセットが入手可能かつその価格が手頃である保健施設の割合
3.c 開発途上国、特に後発開発途上国及び小島嶼開発途上国において保健財政及び保健人材の採用、能力開発・訓練及び定着を大幅に拡大させる。	3.c.1	医療従事者の密度と分布
3.d 全ての国々、特に開発途上国の国家・世界規模な健康危険因子の早期警告、危険因子緩和及び危険因子管理のための能力を強化する。	3.d.1	国際保健規則（IHR）キャパシティと健康危機への備え

4 すべての人々への包摂的かつ公正な質の高い教育を提供し、生涯学習の機会を促進する ▶37ページ

ターゲット	指標（仮訳）	
4.1 2030年までに、全ての子供が男女の区別なく、適切かつ効果的な学習成果をもたらす、無償かつ公正で質の高い初等教育及び中等教育を修了できるようにする。	4.1.1	(i)読解力、(ii)算数について、最低限の習熟度に達している次の子供や若者の割合（性別ごと）(a)2～3学年時、(b)小学校修了時、(c)中学校修了時
4.2 2030年までに、全ての子供が男女の区別なく、質の高い乳幼児の発達・ケア及び就学前教育にアクセスすることにより、初等教育を受ける準備が整うようにする。	4.2.1	健康、学習及び心理社会的な幸福について、順調に発育している5歳未満の子供の割合（性別ごと）
	4.2.2	（小学校に入学する年齢より1年前の時点で）体系的な学習に参加している者の割合（性別ごと）
4.3 2030年までに、全ての人々が男女の区別なく、手の届く質の高い技術教育・職業教育及び大学を含む高等教育への平等なアクセスを得られるようにする。	4.3.1	過去12か月に学校教育や学校教育以外の教育に参加している若者又は成人の割合（性別ごと）
4.4 2030年までに、技術的・職業的スキルなど、雇用、働きがいのある人間らしい仕事及び起業に必要な技能を備えた若者と成人の割合を大幅に増加させる。	4.4.1	ICTスキルを有する若者や成人の割合（スキルのタイプ別）

ターゲット	指標（仮訳）
4.5 2030年までに、教育におけるジェンダー格差を無くし、障害者、先住民及び脆弱な立場にある子供など、脆弱層があらゆるレベルの教育や職業訓練に平等にアクセスできるようにする。	4.5.1 詳細集計可能な、本リストに記載された全ての教育指数のための、パリティ指数（女性/男性、地方/都市、富の五分位数の底/トップ、またその他に、障害状況、先住民、紛争の影響を受けた者等の利用可能なデータ）
4.6 2030年までに、全ての若者及び大多数（男女ともに）の成人が、読み書き能力及び基本的計算能力を身に付けられるようにする。	4.6.1 実用的な(a)読み書き能力、(b)基本的計算能力において、少なくとも決まったレベルを達成した所定の年齢層の人口割合（性別ごと）
4.7 2030年までに、持続可能な開発のための教育及び持続可能なライフスタイル、人権、男女の平等、平和及び非暴力的文化の推進、グローバル・シチズンシップ、文化多様性と文化の持続可能な開発への貢献の理解の教育を通して、全ての学習者が、持続可能な開発を促進するために必要な知識及び技能を習得できるようにする。	4.7.1 ジェンダー平等および人権を含む、(i)地球市民教育、及び(ii)持続可能な開発のための教育が、(a)各国の教育政策、(b)カリキュラム、(c)教師の教育、及び(d)児童・生徒・学生の達成度評価に関して、全ての教育段階において主流化されているレベル
4.a 子供、障害及びジェンダーに配慮した教育施設を構築・改良し、全ての人々に安全で非暴力的、包摂的、効果的な学習環境を提供できるようにする。	4.a.1 以下の設備等が利用可能な学校の割合(a)電気、(b)教育を目的としたインターネット、(c)教育を目的としたコンピュータ、(d)障害を持っている学生のための適切な設備・教材、(e)基本的な飲料水、(f)男女別の基本的なトイレ、(g)基本的な手洗い施設(WASH指標の定義別)
4.b 2020年までに、開発途上国、特に後発開発途上国及び小島嶼開発途上国、並びにアフリカ諸国を対象とした、職業訓練、情報通信技術(ICT)、技術・工学・科学プログラムなど、先進国及びその他の開発途上国における高等教育の奨学金の件数を全世界で大幅に増加させる。	4.b.1 奨学金のためのODAフローの量（部門と研究タイプ別）
4.c 2030年までに、開発途上国、特に後発開発途上国及び小島嶼開発途上国における教員研修のための国際協力などを通じて、質の高い教員の数を大幅に増加させる。	4.c.1 各国における適切なレベルでの教育を行うために、最低限制度化された養成研修あるいは現職研修（例：教授法研修）を受けた(a)就学前教育、(b)初等教育、(c)前期中等教育、(d)後期中等教育に従事する教員の割合

ジェンダー平等を達成し、すべての女性及び女児の能力強化を行う ▶41ページ

ターゲット	指標（仮訳）
5.1 あらゆる場所における全ての女性及び女児に対するあらゆる形態の差別を撤廃する	5.1.1 性別に基づく平等と差別撤廃を促進、実施及びモニターするための法律の枠組みが制定されているかどうか
5.2 人身売買や性的、その他の種類の搾取など、全ての女性及び女児に対する、公共・私的空間におけるあらゆる形態の暴力を排除する。	5.2.1 これまでにパートナーを得た15歳以上の女性や少女のうち、過去12か月以内に、現在、または以前の親密なパートナーから身体的、性的、精神的暴力を受けた者の割合（暴力の形態、年齢別）
	5.2.2 過去12か月以内に、親密なパートナー以外の人から性的暴力を受けた15歳以上の女性や少女の割合（年齢、発生場所別）
5.3 未成年者の結婚、早期結婚、強制結婚及び女性器切除など、あらゆる有害な慣行を撤廃する。	5.3.1 15歳未満、18歳未満で結婚又はパートナーを得た20〜24歳の女性の割合
	5.3.2 女性性器切除を受けた15歳〜49歳の少女や女性の割合（年齢別）
5.4 公共のサービス、インフラ及び社会保障政策の提供、並びに各国の状況に応じた世帯・家族内における責任分担を通じて、無報酬の育児・介護や家事労働を認識・評価する。	5.4.1 無償の家事・ケア労働に費やす時間の割合（性別、年齢、場所別）
5.5 政治、経済、公共分野でのあらゆるレベルの意思決定において、完全かつ効果的な女性の参画及び平等なリーダーシップの機会を確保する。	5.5.1 国会及び地方議会において女性が占める議席の割合
	5.5.2 管理職に占める女性の割合
5.6 国際人口・開発会議(ICPD)の行動計画及び北京行動綱領、並びにこれらの検証会議の成果文書に従い、性と生殖に関する健康及び権利への普遍的アクセスを確保する。	5.6.1 性的関係、避妊、リプロダクティブ・ヘルスケアについて、自分で意思決定を行うことのできる15歳〜49歳の女性の割合
	5.6.2 15歳以上の女性及び男性に対し、セクシュアル/リプロダクティブ・ヘルスケア、情報、教育を保障する法律や規定を有する国の数
5.a 女性に対し、経済的資源に対する同等の権利、並びに各国法に従い、オーナーシップ及び土地その他の財産、金融サービス、相続財産、天然資源に対するアクセスを与えるための改革に着手する。	5.a.1 (a)農地への所有権又は保障された権利を有する総農業人口の割合（性別ごと）(b)農地所有者又は権利者における女性の割合（所有条件別）
	5.a.2 土地所有及び/又は管理に関する女性の平等な権利を保障している法的枠組（慣習法を含む）を有する国の割合

ターゲット	指標（仮訳）
5.b 女性の能力強化促進のため、ICTをはじめとする実現技術の活用を強化する。	5.b.1 携帯電話を所有する個人の割合（性別ごと）
5.c ジェンダー平等の促進、並びに全ての女性及び女子のあらゆるレベルでの能力強化のための適正な政策及び拘束力のある法規を導入・強化する。	5.c.1 ジェンダー平等及び女性のエンパワーメントのための公的資金を監視、配分するシステムを有する国の割合

すべての人々の水と衛生の利用可能性と持続可能な管理を確保する ▶45ページ

ターゲット	指標（仮訳）
6.1 2030年までに、全ての人々の、安全で安価な飲料水の普遍的かつ衡平なアクセスを達成する。	6.1.1 安全に管理された飲料水サービスを利用する人口の割合
6.2 2030年までに、全ての人々の、適切かつ平等な下水施設・衛生施設へのアクセスを達成し、野外での排泄をなくす。女性及び女児、並びに脆弱な立場にある人々のニーズに特に注意を払う。	6.2.1 (a)安全に管理された公衆衛生サービスを利用する人口の割合、(b)石けんや水のある手洗い場を利用する人口の割合
6.3 2030年までに、汚染の減少、投棄の廃絶と有害な化学物・物質の放出の最小化、未処理の排水の割合半減及び再生利用と安全な再利用の世界的規模で大幅に増加させることにより、水質を改善する。	6.3.1 安全に処理された排水の割合
	6.3.2 良好な水質を持つ水域の割合
6.4 2030年までに、全セクターにおいて水利用の効率を大幅に改善し、淡水の持続可能な採取及び供給を確保し水不足に対処するとともに、水不足に悩む人々の数を大幅に減少させる。	6.4.1 水の利用効率の経時変化
	6.4.2 水ストレスレベル：淡水資源量に占める淡水採取量の割合
6.5 2030年までに、国境を越えた適切な協力を含む、あらゆるレベルでの統合水資源管理を実施する。	6.5.1 統合水資源管理（IWRM）実施の度合い（0-100）
	6.5.2 水資源協力のための運営協定がある越境流域の割合
6.6 2020年までに、山地、森林、湿地、河川、帯水層、湖沼を含む水に関連する生態系の保護・回復を行う。	6.6.1 水関連生態系範囲の経時変化
6.a 2030年までに、集水、海水淡水化、水の効率的利用、排水処理、リサイクル・再利用技術を含む開発途上国における水と衛生分野での活動と計画を対象とした国際協力と能力構築支援を拡大する。	6.a.1 政府調整支出計画の一部である上下水道関連のODAの総量
6.b 水と衛生に関わる分野の管理向上における地域コミュニティの参加を支援・強化する。	6.b.1 上下水道管理への地方コミュニティの参加のために制定し、運営されている政策及び手続のある地方公共団体の割合

すべての人々の、安価かつ信頼できる持続可能な近代的エネルギーへのアクセスを確保する ▶49ページ

ターゲット	指標（仮訳）
7.1 2030年までに、安価かつ信頼できる現代的エネルギーサービスへの普遍的アクセスを確保する。	7.1.1 電気を受電可能な人口比率
	7.1.2 家屋の空気を汚さない燃料や技術に依存している人口比率
7.2 2030年までに、世界のエネルギーミックスにおける再生可能エネルギーの割合を大幅に拡大させる。	7.2.1 最終エネルギー消費量に占める再生可能エネルギー比率
7.3 2030年までに、世界全体のエネルギー効率の改善率を倍増させる。	7.3.1 エネルギー強度（GDP当たりの一次エネルギー）
7.a 2030年までに、再生可能エネルギー、エネルギー効率及び先進的かつ環境負荷の低い化石燃料技術などのクリーンエネルギーの研究及び技術へのアクセスを促進するための国際協力を強化し、エネルギー関連インフラとクリーンエネルギー技術への投資を促進する。	7.a.1 クリーンなエネルギー研究及び開発と、ハイブリッドシステムに含まれる再生可能エネルギー生成への支援に関する発展途上国に対する国際金融フロー
7.b 2030年までに、各々の支援プログラムに沿って開発途上国、特に後発開発途上国及び小島嶼開発途上国、内陸開発途上国の全ての人々に現代的で持続可能なエネルギーサービスを供給できるよう、インフラ拡大と技術向上を行う。	7.b.1 持続可能なサービスへのインフラや技術のための財源移行におけるGDPに占めるエネルギー効率への投資(%)及び海外直接投資の総量

包摂的かつ持続可能な経済成長及びすべての人々の完全かつ生産的な雇用と働きがいのある人間らしい雇用（ディーセント・ワーク）を促進する ▶53ページ

ターゲット	指標（仮訳）
8.1 各国の状況に応じて、一人当たり経済成長率を持続させる。特に後発開発途上国は少なくとも年率7%の成長率を保つ。	8.1.1 一人当たりの実質GDPの年間成長率

ターゲット	指標（仮訳）
8.2 高付加価値セクターや労働集約型セクターに重点を置くことなどにより、多様化、技術向上及びイノベーションを通じた高いレベルの経済生産性を達成する。	8.2.1 就業者一人当たりの実質GDPの年間成長率
8.3 生産活動や適切な雇用創出、起業、創造性及びイノベーションを支援する開発重視型の政策を促進するとともに、金融サービスへのアクセス改善などを通じて中小零細企業の設立や成長を奨励する。	8.3.1 農業以外におけるインフォーマル雇用の割合（性別ごと）
8.4 2030年までに、世界の消費と生産における資源効率を漸進的に改善させ、先進国主導の下、持続可能な消費と生産に関する10年計画枠組みに従い、経済成長と環境悪化の分断を図る。	8.4.1 マテリアルフットプリント（MF）、一人当たりMF及びGDP当たりのMF（指標12.2.1と同一指標）
	8.4.2 天然資源等消費量（DMC）、一人当たりのDMC及びGDP当たりのDMC（指標12.2.2と同一指標）
8.5 2030年までに、若者や障害者を含む全ての男性及び女性の、完全かつ生産的な雇用及び働きがいのある人間らしい仕事、並びに同一労働同一賃金を達成する。	8.5.1 女性及び男性労働者の平均時給（職業、年齢、障害者別）
	8.5.2 失業率（性別、年齢、障害者別）
8.6 2020年までに、就労、就学及び職業訓練のいずれも行っていない若者の割合を大幅に減らす。	8.6.1 就労、就学及び職業訓練のいずれも行っていない15～24歳の若者の割合
8.7 強制労働を根絶し、現代の奴隷制、人身売買を終わらせるための緊急かつ効果的な措置の実施、最悪な形態の児童労働の禁止及び撲滅を確保する。2025年までに児童兵士の募集と使用を含むあらゆる形態の児童労働を撲滅する。	8.7.1 児童労働者（5～17歳）の割合と数（性別、年齢別）
8.8 移住労働者、特に女性の移住労働者や不安定な雇用状態にある労働者など、全ての労働者の権利を保護し、安全・安心な労働環境を促進する。	8.8.1 致命的及び非致命的な労働災害の発生率（性別、移住状況別）
	8.8.2 国際労働機関（ILO）原文ソース及び国内の法律に基づく、労働権利（結社及び団体交渉の自由）における国内コンプライアンスのレベル（性別、移住状況別）
8.9 2030年までに、雇用創出、地方の文化振興・産品販促につながる持続可能な観光業を促進するための政策を立案し実施する。	8.9.1 全GDP及びGDP成長率に占める割合としての観光業の直接GDP
	8.9.2 全観光業における従業員数に占める持続可能な観光業の従業員数の割合
8.10 国内の金融機関の能力を強化し、全ての人々の銀行取引、保険及び金融サービスへのアクセスを促進・拡大する。	8.10.1 成人10万人当たりの商業銀行の支店数及びATM数
	8.10.2 銀行や他の金融機関に口座を持つ、又はモバイルマネーサービスを利用する成人（15歳以上）の割合
8.a 後発開発途上国への貿易関連技術支援のための拡大統合フレームワーク（EIF）などを通じた支援を含む、開発途上国、特に後発開発途上国に対する貿易のための援助を拡大する。	8.a.1 貿易のための援助に対するコミットメントや支出
8.b 2020年までに、若年雇用のための世界的戦略及び国際労働機関（ILO）の仕事に関する世界協定の実施を展開・運用化する。	8.b.1 国家雇用戦略とは別途あるいはその一部として開発され運用されている若年雇用のための国家戦略の有無

強靭（レジリエント）なインフラ構築、包摂的かつ持続可能な産業化の促進及びイノベーションの推進を図る
▶57ページ

ターゲット	指標（仮訳）
9.1 全ての人々に安価で公平なアクセスに重点を置いた経済発展と人間の福祉を支援するために、地域・越境インフラを含む質の高い、信頼でき、持続可能かつ強靭（レジリエント）なインフラを開発する。	9.1.1 全季節利用可能な道路の2km圏内に住んでいる地方の人口の割合
	9.1.2 旅客と貨物量（交通手段別）
9.2 包摂的かつ持続可能な産業化を促進し、2030年までに各国の状況に応じて雇用及びGDPに占める産業セクターの割合を大幅に増加させる。後発開発途上国については同割合を倍増させる。	9.2.1 GDPに占める製造業付加価値の割合及び一人当たり製造業付加価値
	9.2.2 全産業就業者数に占める製造業就業者数の割合
9.3 特に開発途上国における小規模の製造業その他の企業の、安価な資金貸付などの金融サービスやバリューチェーン及び市場への統合へのアクセスを拡大する。	9.3.1 産業の合計付加価値のうち小規模産業の占める割合
	9.3.2 ローン又は与信枠が設定された小規模製造業の割合
9.4 2030年までに、資源利用効率の向上とクリーン技術及び環境に配慮した技術・産業プロセスの導入拡大を通じたインフラ改良や産業改善により、持続可能性を向上させる。全ての国々は各国の能力に応じた取組を行う。	9.4.1 付加価値の単位当たりのCO_2排出量

ターゲット	指標（仮訳）
9.5 2030年までにイノベーションを促進させることや100万人当たりの研究開発従事者数を大幅に増加させ、また官民研究開発の支出を拡大させるなど、開発途上国をはじめとする全ての国々の産業セクターにおける科学研究を促進し、技術能力を向上させる。	9.5.1 GDPに占める研究開発への支出
	9.5.2 100万人当たりの研究者（フルタイム相当）
9.a アフリカ諸国、後発開発途上国、内陸開発途上国及び小島嶼開発途上国への金融・テクノロジー・技術の支援強化を通じて、開発途上国における持続可能かつ強靭（レジリエント）なインフラ開発を促進する。	9.a.1 インフラへの公的国際支援の総額（ODAその他公的フロー）
9.b 産業の多様化や商品への付加価値創造などに資する政策環境の確保などを通じて、開発途上国の国内における技術開発、研究及びイノベーションを支援する。	9.b.1 全付加価値における中位並びに先端テクノロジー産業の付加価値の割合
9.c 後発開発途上国において情報通信技術へのアクセスを大幅に向上させ、2020年までに普遍的かつ安価なインターネットアクセスを提供できるよう図る。	9.c.1 モバイルネットワークにアクセス可能な人口の割合（技術別）

各国内及び各国間の不平等を是正する

▶61ページ

ターゲット	指標（仮訳）
10.1 2030年までに、各国の所得下位40％の所得成長率について、国内平均を上回る数値を漸進的に達成し、持続させる。	10.1.1 1人当たりの家計支出又は所得の成長率（人口の下位40％のもの、総人口のもの）
10.2 2030年までに、年齢、性別、障害、人種、民族、出自、宗教、あるいは経済的地位その他の状況に関わりなく、全ての人々の能力強化及び社会的、経済的及び政治的な包含を促進する。	10.2.1 中位所得の半分未満で生活する人口の割合（年齢、性別、障害者別）
10.3 差別的な法律、政策及び慣行の撤廃、並びに適切な関連法規、政策、行動の促進などを通じて、機会均等を確保し、成果の不平等を是正する。	10.3.1 国際人権法の下で禁止されている差別の理由において、過去12か月の間に差別又は嫌がらせを個人的に感じたと報告した人口の割合
10.4 税制、賃金、社会保障政策をはじめとする政策を導入し、平等の拡大を漸進的に達成する。	10.4.1 賃金及び社会保障給付から成るGDP労働分配率
10.5 世界金融市場と金融機関に対する規制とモニタリングを改善し、こうした規制の実施を強化する。	10.5.1 金融健全性指標
10.6 地球規模の国際経済・金融制度の意思決定における開発途上国の参加や発言力を拡大させることにより、より効果的で信用力があり、説明責任のある正当な制度を実現する。	10.6.1 国際機関における開発途上国のメンバー数及び投票権の割合（指標16.8.1と同一指標）
10.7 計画に基づき良く管理された移民政策の実施などを通じて、秩序のとれた、安全で規則的かつ責任ある移住や流動性を促進する。	10.7.1 従業者が移住先の国で稼いだ月収に占める、その従業者が移住先の国で仕事を探すに当たって（自ら）負担した費用の割合
	10.7.2 秩序のとれた、安全で規則的かつ責任ある移住や流動性を促進する移住政策を持つ国の数
10.a 世界貿易機関（WTO）協定に従い、開発途上国、特に後発開発途上国に対する特別かつ異なる待遇の原則を実施する。	10.a.1 後発開発途上国や開発途上国からの輸入品に適用されるゼロ関税の関税分類品目（タリフライン）の割合
10.b 各国の国家計画やプログラムに従って、後発開発途上国、アフリカ諸国、小島嶼開発途上国及び内陸開発途上国を始めとする、ニーズが最も大きい国々への、政府開発援助（ODA）及び海外直接投資を含む資金の流入を促進する。	10.b.1 開発のためのリソースフローの総額（受援国及び援助国、フローの流れ（例：ODA、外国直接投資、その他）別）
10.c 2030年までに、移住労働者による送金コストを3％未満に引き下げ、コストが5％を越える送金経路を撤廃する。	10.c.1 総送金額の割合に占める送金コスト

包摂的で安全かつ強靭（レジリエント）で持続可能な都市及び人間居住を実現する

▶65ページ

ターゲット	指標（仮訳）
11.1 2030年までに、全ての人々の、適切、安全かつ安価な住宅及び基本的サービスへのアクセスを確保し、スラムを改善する。	11.1.1 スラム、インフォーマルな居住地及び不適切な住宅に居住する都市人口の割合
11.2 2030年までに、脆弱な立場にある人々、女性、子供、障害者及び高齢者のニーズに特に配慮し、公共交通機関の拡大などを通じた交通の安全性改善により、全ての人々に、安全かつ安価で容易に利用できる、持続可能な輸送システムへのアクセスを提供する。	11.2.1 公共交通機関へ容易にアクセスできる人口の割合（性別、年齢、障害者別）

ターゲット	指標（仮訳）
11.3 2030年までに、包摂的かつ持続可能な都市化を促進し、全ての国々の参加型、包摂的かつ持続可能な人間居住計画・管理の能力を強化する。	11.3.1 人口増加率と土地利用率の比率
	11.3.2 定期的かつ民主的に運営されている都市計画及び管理に、市民社会が直接参加する仕組みがある都市の割合
11.4 世界の文化遺産及び自然遺産の保護・保全の努力を強化する。	11.4.1 全ての文化及び自然遺産の保全、保護及び保存における総支出額（公的部門、民間部門）（遺産のタイプ別（文化、自然、混合、世界遺産に登録されているもの）、政府レベル別（国、地域、地方、市）、支出タイプ別（営業費、投資）、民間資金のタイプ別（寄付、非営利部門、後援））
11.5 2030年までに、貧困層及び脆弱な立場にある人々の保護に焦点をあてながら、水関連災害などの災害による死者や被災者数を大幅に削減し、世界の国内総生産比で直接的経済損失を大幅に減らす。	11.5.1 10万人当たりの災害による死者数、行方不明者数、直接的負傷者数（指標1.5.1及び13.1.1と同一指標）
	11.5.2 災害によって起こった、グローバルなGDPに関連した直接経済損失、重要インフラへの被害及び基本サービスの途絶件数
11.6 2030年までに、大気の質及び一般並びにその他の廃棄物の管理に特別な注意を払うことによるものを含め、都市の一人当たりの環境上の悪影響を軽減する。	11.6.1 都市で生み出された固形廃棄物の総量のうち、定期的に収集され適切に最終処理されたものの割合（都市別）
	11.6.2 都市部における微粒子物質（例：PM2.5やPM10）の年平均レベル（人口で加重平均したもの）
11.7 2030年までに、女性、子供、高齢者及び障害者を含め、人々に安全で包摂的かつ利用が容易な緑地や公共スペースへの普遍的アクセスを提供する。	11.7.1 各都市部の建物密集区域における公共スペースの割合の平均（性別、年齢、障害者別）
	11.7.2 過去12か月における身体的又は性的ハラスメントの犠牲者の割合（性別、年齢、障害状況、発生場所別）
11.a 各国・地域規模の開発計画の強化を通じて、経済、社会、環境面における都市部、都市周辺部及び農村部間の良好なつながりを支援する。	11.a.1 人口予測とリソース需要について取りまとめながら都市及び地域開発計画を実行している都市に住んでいる人口の割合（都市の規模別）
11.b 2020年までに、包含、資源効率、気候変動の緩和と適応、災害に対する強靱さ（レジリエンス）を目指す総合的政策及び計画を導入・実施した都市及び人間居住地の件数を大幅に増加させ、仙台防災枠組2015-2030に沿って、あらゆるレベルでの総合的な災害リスク管理の策定と実施を行う。	11.b.1 仙台防災枠組み2015-2030に沿った国家レベルの防災戦略を採択し実行している国の数（指標1.5.3及び13.1.2と同一指標）
	11.b.2 国家防災戦略に沿った地方レベルの防災戦略を採択し実行している地方政府の割合（指標1.5.4及び13.1.3と同一指標）
11.c 財政的及び技術的な支援などを通じて、後発開発途上国における現地の資材を用いた、持続可能かつ強靱（レジリエント）な建造物の整備を支援する。	11.c.1 現地の資材を用いた、持続可能で強靱（レジリエント）で資源効率的である建造物の建設及び改築に割り当てられた後発開発途上国への財政援助の割合

12 ∞ 持続可能な生産消費形態を確保する

▶69ページ

ターゲット	指標（仮訳）
12.1 開発途上国の開発状況や能力を勘案しつつ、持続可能な消費と生産に関する10年計画枠組み（10YFP）を実施し、先進国主導の下、全ての国々が対策を講じる。	12.1.1 持続可能な消費と生産（SCP）に関する国家行動計画を持っている、又は国家政策に優先事項もしくはターゲットとしてSCPが組み込まれている国の数
12.2 2030年までに天然資源の持続可能な管理及び効率的な利用を達成する。	12.2.1 マテリアルフットプリント（MF）、一人当たりMF及びGDP当たりのMF（指標8.4.1と同一指標）
	12.2.2 天然資源等消費量（DMC）、一人当たりのDMC及びGDP当たりのDMC（指標8.4.2と同一指標）
12.3 2030年までに小売・消費レベルにおける世界全体の一人当たりの食料の廃棄を半減させ、収穫後損失などの生産・サプライチェーンにおける食品ロスを減少させる。	12.3.1 a)食料損耗指数、及びb)食料廃棄指数
12.4 2020年までに、合意された国際的な枠組みに従い、製品ライフサイクルを通じ、環境上適正な化学物質や全ての廃棄物の管理を実現し、人の健康や環境への悪影響を最小化するため、化学物質や廃棄物の大気、水、土壌への放出を大幅に削減する。	12.4.1 有害廃棄物や他の化学物質に関する国際多国間環境協定で求められる情報の提供（報告）の義務を果たしている締約国の数
	12.4.2 有害廃棄物の1人当たり発生量、処理された有害廃棄物の割合（処理手法ごと）
12.5 2030年までに、廃棄物の発生防止、削減、再生利用及び再利用により、廃棄物の発生を大幅に削減する。	12.5.1 各国の再生利用率、リサイクルされた物質のトン数
12.6 特に大企業や多国籍企業などの企業に対し、持続可能な取り組みを導入し、持続可能性に関する情報を定期報告に盛り込むよう奨励する。	12.6.1 持続可能性に関する報告書を発行する企業の数

ターゲット	指標（仮訳）
12.7 国内の政策や優先事項に従って持続可能な公共調達の慣行を促進する。	12.7.1 持続可能な公的調達政策及び行動計画を実施している国の数
12.8 2030年までに、人々があらゆる場所において、持続可能な開発及び自然と調和したライフスタイルに関する情報と意識を持つようにする。	12.8.1 気候変動教育を含む、(i)地球市民教育、及び(ii)持続可能な開発のための教育が、(a)各国の教育政策、(b)カリキュラム、(c)教師の教育、及び(d)児童・生徒・学生の達成度評価に関して、全ての教育段階において主流化されているレベル
12.a 開発途上国に対し、より持続可能な消費・生産形態の促進のための科学的・技術的能力の強化を支援する。	12.a.1 持続可能な消費、生産形態及び環境に配慮した技術のための研究開発に係る開発途上国への支援総計
12.b 雇用創出、地方の文化振興・産品販促につながる持続可能な観光業に対して持続可能な開発がもたらす影響を測定する手法を開発・導入する。	12.b.1 承認された評価監視ツールのある持続可能な観光戦略や政策、実施された行動計画の数
12.c 開発途上国の特別なニーズや状況を十分考慮し、貧困層やコミュニティを保護する形で開発に関する悪影響を最小限に留めつつ、税制改正や、有害な補助金が存在する場合はその環境への影響を考慮してその段階的廃止などを通じ、各国の状況に応じて、市場のひずみを除去することで、浪費的な消費を奨励する、化石燃料に対する非効率な補助金を合理化する。	12.c.1 GDP（生産及び消費）の単位当たり及び化石燃料の国家支出総額に占める化石燃料補助金

気候変動及びその影響を軽減するための緊急対策を講じる

▶73ページ

ターゲット	指標（仮訳）
13.1 全ての国々において、気候関連災害や自然災害に対する強靭性（レジリエンス）及び適応の能力を強化する。	13.1.1 10万人当たりの災害による死者数、行方不明者数、直接的負傷者数（指標1.5.1及び11.5.1と同一指標）
	13.1.2 仙台防災枠組み2015-2030に沿った国家レベルの防災戦略を採択し実行している国の数（指標1.5.3及び11.b.1と同一指標）
	13.1.3 国家防災戦略に沿った地方レベルの防災戦略を採択し実行している地方政府の割合（指標1.5.4及び11.b.2と同一指標）
13.2 気候変動対策を国別の政策、戦略及び計画に盛り込む。	13.2.1 気候変動の悪影響に適応し、食料生産を脅かさない方法で、気候強靱性や温室効果ガスの低排出型の発展を促進するための能力を増加させる統合的な政策/戦略/計画（国の適応計画、国が決定する貢献、国別報告書、隔年更新報告書その他を含む）の確立又は運用を報告している国の数
13.3 気候変動の緩和、適応、影響軽減及び早期警戒に関する教育、啓発、人的能力及び制度機能を改善する。	13.3.1 緩和、適応、影響軽減及び早期警戒を、初等、中等及び高等教育のカリキュラムに組み込んでいる国の数
	13.3.2 適応、緩和及び技術移転を実施するための制度上、システム上、及び個々人における能力構築の強化や開発行動を報告している国の数
13.a 重要な緩和行動の実施とその実施における透明性確保に関する開発途上国のニーズに対応するため、2020年までにあらゆる供給源から年間1,000億ドルを共同で動員するという、UNFCCCの先進締約国によるコミットメントを実施するとともに、可能な限り速やかに資本を投入して緑の気候基金を本格始動させる。	13.a.1 2020-2025年の間に1000億USドルコミットメントを実現するために必要となる1年当たりに投資される総USドル
13.b 後発開発途上国及び小島嶼開発途上国において、女性や青年、地方及び社会的に疎外されたコミュニティに焦点を当てることを含め、気候変動関連の効果的な計画策定と管理のための能力を向上するメカニズムを推進する。	13.b.1 女性や青年、地方及び社会的に疎外されたコミュニティに焦点を当てることを含め、気候変動関連の効果的な計画策定と管理のための能力を向上させるメカニズムのために、専門的なサポートを受けている後発開発途上国や小島嶼開発途上国の数及び財政、技術、能力構築を含む支援総額

持続可能な開発のために海洋・海洋資源を保全し、持続可能な形で利用する

▶77ページ

ターゲット	指標（仮訳）
14.1 2025年までに、海洋ごみや富栄養化を含む、特に陸上活動による汚染など、あらゆる種類の海洋汚染を防止し、大幅に削減する。	14.1.1 沿岸富栄養化指数（ICEP）及び浮遊プラスチックごみの密度

ターゲット	指標（仮訳）
14.2 2020年までに、海洋及び沿岸の生態系に関する重大な悪影響を回避するため、強靭性（レジリエンス）の強化などによる持続的な管理と保護を行い、健全で生産的な海洋を実現するため、海洋及び沿岸の生態系の回復のための取組を行う。	14.2.1 生態系を基盤として活用するアプローチにより管理された各国の排他的経済水域の割合
14.3 あらゆるレベルでの科学的協力の促進などを通じて、海洋酸性化の影響を最小限化し、対処する。	14.3.1 承認された代表標本抽出地点で測定された海洋酸性度(pH)の平均値
14.4 水産資源を、実現可能な最短期間で少なくとも各資源の生物学的特性によって定められる最大持続生産量のレベルまで回復させるため、2020年までに、漁獲を効果的に規制し、過剰漁業や違法・無報告・無規制(IUU)漁業及び破壊的な漁業慣行を終了し、科学的な管理計画を実施する。	14.4.1 生物学的に持続可能なレベルの水産資源の割合
14.5 2020年までに、国内法及び国際法に則り、最大限入手可能な科学情報に基づいて、少なくとも沿岸域及び海域の10パーセントを保全する。	14.5.1 海域に関する保護領域の範囲
14.6 開発途上国及び後発開発途上国に対する適切かつ効果的な、特別かつ異なる待遇が、世界貿易機関(WTO)漁業補助金交渉の不可分の要素であるべきことを認識した上で、2020年までに、過剰漁獲能力や過剰漁獲につながる漁業補助金を禁止し、違法・無報告・無規制(IUU)漁業につながる補助金を撤廃し、同様の新たな補助金の導入を抑制する。	14.6.1 IUU漁業(Illegal(違法)・Unreported(無報告)・Unregulated(無規制))と対峙することを目的としている国際的な手段の実施状況
14.7 2030年までに、漁業、水産養殖及び観光の持続可能な管理などを通じ、小島嶼開発途上国及び後発開発途上国の海洋資源の持続的な利用による経済的便益を増大させる。	14.7.1 小島嶼開発途上国、後発開発途上国及び全ての国々のGDPに占める持続可能な漁業の割合
14.a 海洋の健全性の改善と、開発途上国、特に小島嶼開発途上国および後発開発途上国の開発における海洋生物多様性の寄与向上のために、海洋技術の移転に関するユネスコ政府間海洋学委員会の基準・ガイドラインを勘案しつつ、科学的知識の増進、研究能力の向上、及び海洋技術の移転を行う。	14.a.1 総研究予算額に占める、海洋技術分野に割り当てられた研究予算の割合
14.b 小規模・沿岸零細漁業者に対し、海洋資源及び市場へのアクセスを提供する。	14.b.1 小規模・零細漁業のためのアクセス権を認識し保護する法令/規制/政策/制度枠組みの導入状況
14.c 「我々の求める未来」のパラ158において想起されるとおり、海洋及び海洋資源の保全及び持続可能な利用のための法的枠組みを規定する海洋法に関する国際連合条約(UNCLOS)に反映されている国際法を実施することにより、海洋及び海洋資源の保全及び持続可能な利用を強化する。	14.c.1 海洋及び海洋資源の保全と持続可能な利用のために「海洋法に関する国際連合条約(UNCLOS)」に反映されているとおり、国際法を実施する海洋関係の手段を、法、政策、機関的枠組みを通して、批准、導入、実施を推進している国の数

陸域生態系の保護、回復、持続可能な利用の推進、持続可能な森林の経営、砂漠化への対処、ならびに土地の劣化の阻止・回復及び生物多様性の損失を阻止する

▶81ページ

ターゲット	指標（仮訳）
15.1 2020年までに、国際協定の下での義務に則って、森林、湿地、山地及び乾燥地をはじめとする陸域生態系と内陸淡水生態系及びそれらのサービスの保全、回復及び持続可能な利用を確保する。	15.1.1 土地全体に対する森林の割合
	15.1.2 陸生及び淡水性の生物多様性に重要な場所のうち保護区で網羅されている割合（保護地域、生態系のタイプ別）
15.2 2020年までに、あらゆる種類の森林の持続可能な経営の実施を促進し、森林減少を阻止し、劣化した森林を回復し、世界全体で新規植林及び再植林を大幅に増加させる。	15.2.1 持続可能な森林経営における進捗
15.3 2030年までに、砂漠化に対処し、砂漠化、干ばつ及び洪水の影響を受けた土地などの劣化した土地と土壌を回復し、土地劣化に荷担しない世界の達成に尽力する。	15.3.1 土地全体のうち劣化した土地の割合
15.4 2030年までに持続可能な開発に不可欠な便益をもたらす山地生態系の能力を強化するため、生物多様性を含む山地生態系の保全を確実に行う。	15.4.1 山地生物多様性のための重要な場所に占める保全された地域の範囲
	15.4.2 山地グリーンカバー指数
15.5 自然生息地の劣化を抑制し、生物多様性の損失を阻止し、2020年までに絶滅危惧種を保護し、また絶滅防止するための緊急かつ意味のある対策を講じる。	15.5.1 レッドリスト指数

ターゲット	指標（仮訳）
15.6 国際合意に基づき、遺伝資源の利用から生ずる利益の公正かつ衡平な配分を推進するとともに、遺伝資源への適切なアクセスを推進する。	15.6.1 利益の公正かつ衡平な配分を確保するための立法上、行政上及び政策上の枠組みを持つ国の数
15.7 保護の対象となっている動植物種の密猟及び違法取引を撲滅するための緊急対策を講じるとともに、違法な野生生物製品の需要と供給の両面に対処する。	15.7.1 密猟された野生生物又は違法に取引された野生生物の取引の割合（指標15.c.1と同一指標）
15.8 2020年までに、外来種の侵入を防止するとともに、これらの種による陸域・海洋生態系への影響を大幅に減少させるための対策を導入し、さらに優先種の駆除または根絶を行う。	15.8.1 外来種に関する国内法を採択しており、侵略的外来種の防除や制御に必要な資金等を確保している国の割合
15.9 2020年までに、生態系と生物多様性の価値を、国や地方の計画策定、開発プロセス及び貧困削減のための戦略及び会計に組み込む。	15.9.1 生物多様性戦略計画2011-2020の愛知目標の目標2に従って設定された国内目標に対する進捗
15.a 生物多様性と生態系の保全と持続的な利用のために、あらゆる資金源からの資金の動員及び大幅な増額を行う。	15.a.1 生物多様性及び生態系の保全と持続的な利用に係るODA並びに公的支出（指標15.b.1と同一指標）
15.b 保全や再植林を含む持続可能な森林経営を推進するため、あらゆるレベルのあらゆる供給源から、持続可能な森林経営のための資金の調達と開発途上国への十分なインセンティブ付与のための相当量の資源を動員する。	15.b.1 生物多様性及び生態系の保全と持続的な利用に係るODA並びに公的支出（指標15.a.1と同一指標）
15.c 持続的な生計機会を追求するために地域コミュニティの能力向上を図る等、保護種の密猟及び違法な取引に対処するための努力に対する世界的な支援を強化する。	15.c.1 密猟された野生生物又は違法に取引された野生生物の取引の割合（指標15.7.1と同一指標）

16 持続可能な開発のための平和で包摂的な社会を促進し、すべての人々に司法へのアクセスを提供し、あらゆるレベルにおいて効果的で説明責任のある包摂的な制度を構築する ▶85ページ

ターゲット	指標（仮訳）
16.1 あらゆる場所において、全ての形態の暴力及び暴力に関連する死亡率を大幅に減少させる。	16.1.1 10万人当たりの意図的な殺人行為による犠牲者の数（性別、年齢別）
	16.1.2 10万人当たりの紛争関連の死者の数（性別、年齢、原因別）
	16.1.3 過去12か月において(a)身体的暴力、(b)精神的暴力、(c)性的暴力を受けた人口の割合
	16.1.4 自身の居住区地域を一人で歩いても安全と感じる人口の割合
16.2 子供に対する虐待、搾取、取引及びあらゆる形態の暴力及び拷問を撲滅する。	16.2.1 過去1か月における保護者等からの身体的な暴力及び/又は心理的な攻撃を受けた1歳～17歳の子供の割合
	16.2.2 10万人当たりの人身取引の犠牲者の数（性別、年齢、搾取形態別）
	16.2.3 18歳までに性的暴力を受けた18歳～29歳の若年女性及び男性の割合
16.3 国家及び国際的なレベルでの法の支配を促進し、全ての人々に司法への平等なアクセスを提供する。	16.3.1 過去12か月間に暴力を受け、所管官庁又はその他の公的に承認された紛争解決機構に対して、被害を届け出た者の割合
	16.3.2 刑務所の総収容者数に占める判決を受けていない勾留者の割合
16.4 2030年までに、違法な資金及び武器の取引を大幅に減少させ、奪われた財産の回復及び返還を強化し、あらゆる形態の組織犯罪を根絶する。	16.4.1 内外の違法な資金フローの合計額（USドル）
	16.4.2 国際的な要件に従い、所管当局によって、発見/押収された武器で、その違法な起源又は流れが追跡/立証されているものの割合
16.5 あらゆる形態の汚職や贈賄を大幅に減少させる。	16.5.1 過去12か月間に公務員に賄賂を支払った又は公務員より賄賂を要求されたことが少なくとも1回はあった人の割合
	16.5.2 過去12か月間に公務員に賄賂を支払った又は公務員より賄賂を要求されたことが少なくとも1回はあった企業の割合
16.6 あらゆるレベルにおいて、有効で説明責任のある透明性の高い公共機関を発展させる。	16.6.1 当初承認された予算に占める第一次政府支出（部門別、（予算別又は類似の分類別））
	16.6.2 最後に利用した公共サービスに満足した人の割合

ターゲット	指標（仮訳）
16.7 あらゆるレベルにおいて、対応的、包摂的、参加型及び代表的な意思決定を確保する。	16.7.1 国全体における分布と比較した、国・地方の公的機関（(a)議会、(b)公共サービス及び(c)司法を含む。）における性別、年齢別、障害者別、人口グループ別の役職の割合
	16.7.2 国の政策決定過程が包摂的であり、かつ応答性を持つと考える人の割合（性別、年齢別、障害者及び人口グループ別）
16.8 グローバル・ガバナンス機関への開発途上国の参加を拡大・強化する。	16.8.1 国際機関における開発途上国のメンバー数及び投票権の割合（指標10.6.1と同一指標）
16.9 2030年までに、全ての人々に出生登録を含む法的な身分証明を提供する。	16.9.1 5歳以下の子供で、行政機関に出生登録されたものの割合（年齢別）
16.10 国内法規及び国際協定に従い、情報への公共アクセスを確保し、基本的自由を保障する。	16.10.1 過去12か月間にジャーナリスト、メディア関係者、労働組合員及び人権活動家の殺害、誘拐、強制失踪、恣意的拘留及び拷問について立証された事例の数
	16.10.2 情報へのパブリックアクセスを保障した憲法、法令、政策の実施を採択している国の数
16.a 特に開発途上国において、暴力の防止とテロリズム・犯罪の撲滅に関するあらゆるレベルでの能力構築のため、国際協力などを通じて関連国家機関を強化する。	16.a.1 パリ原則に準拠した独立した国内人権機関の存在の有無
16.b 持続可能な開発のための非差別的な法規及び政策を推進し、実施する。	16.b.1 国際人権法の下で禁止されている差別の理由において、過去12か月の間に差別又は嫌がらせを個人的に感じたと報告した人口の割合

17 持続可能な開発のための実施手段を強化し、グローバル・パートナーシップを活性化する ▶89ページ

ターゲット	指標（仮訳）
資金/Finance 17.1 課税及び徴税能力の向上のため、開発途上国への国際的な支援なども通じて、国内資源の動員を強化する。	17.1.1 GDPに占める政府収入合計の割合（収入源別）
	17.1.2 国内予算における、自国内の税収が資金源となっている割合
17.2 先進国は、開発途上国に対するODAをGNI比0.7%に、後発開発途上国に対するODAをGNI比0.15～0.20%にするという目標を達成するとの多くの国によるコミットメントを含むODAに係るコミットメントを完全に実施する。ODA供与国が、少なくともGNI比0.20%のODAを後発開発途上国に供与するという目標の設定を検討することを奨励する。	17.2.1 OECD/DACによる寄与のGNIに占める純ODA総額及び後発開発途上国を対象にした額
17.3 複数の財源から、開発途上国のための追加的資金源を動員する。	17.3.1 海外直接投資（FDI）、ODA及び南南協力の国内総予算に占める割合
	17.3.2 GDP総額に占める送金額（USドル）
17.4 必要に応じた負債による資金調達、債務救済及び債務再編の促進を目的とした協調的な政策により、開発途上国の長期的な債務の持続可能性の実現を支援し、重債務貧困国（HIPC）の対外債務への対応により債務リスクを軽減する。	17.4.1 財及びサービスの輸出額に対する債務の割合
17.5 後発開発途上国のための投資促進枠組みを導入及び実施する。	17.5.1 後発開発途上国のための投資促進枠組みを導入及び実施している国の数
技術/Technology 17.6 科学技術イノベーション（STI）及びこれらへのアクセスに関する南北協力、南南協力及び地域的・国際的な三角協力を向上させる。また、国連レベルをはじめとする既存のメカニズム間の調整改善や、全世界的な技術促進メカニズムなどを通じて、相互に合意した条件において知識共有を進める。	17.6.1 各国間における科学技術協力協定及び計画の数（協力形態別）
	17.6.2 100人当たりの固定インターネットブロードバンド契約数（回線速度別）
17.7 開発途上国に対し、譲許的・特恵的条件などの相互に合意した有利な条件の下で、環境に配慮した技術の開発、移転、普及及び拡散を促進する。	17.7.1 環境に配慮した技術の開発、移転、普及及び拡散の促進を目的とした開発途上国のための承認された基金の総額
17.8 2017年までに、後発開発途上国のための技術バンク及び科学技術イノベーション能力構築メカニズムを完全運用させ、情報通信技術（ICT）をはじめとする実現技術の利用を強化する。	17.8.1 インターネットを使用している個人の割合

ターゲット	指標（仮訳）
能力構築/Capacity-building 17.9　全ての持続可能な開発目標を実施するための国家計画を支援するべく、南北協力、南南協力及び三角協力などを通じて、開発途上国における効果的かつ的をしぼった能力構築の実施に対する国際的な支援を強化する。	17.9.1　開発途上国にコミットした財政支援額及び技術支援額（南北、南南及び三角協力を含む）（ドル）
貿易/Trade 17.10　ドーハ・ラウンド(DDA)交渉の受諾を含むWTOの下での普遍的でルールに基づいた、差別的でない、公平な多角的貿易体制を促進する。	17.10.1　世界中で加重された関税額の平均
17.11　開発途上国による輸出を大幅に増加させ、特に2020年までに世界の輸出に占める後発開発途上国のシェアを倍増させる。	17.11.1　世界の輸出額シェアに占める開発途上国と後発開発途上国の割合
17.12　後発開発途上国からの輸入に対する特恵的な原産地規則が透明で簡略的かつ市場アクセスの円滑化に寄与するものとなるようにすることを含む世界貿易機関(WTO)の決定に矛盾しない形で、全ての後発開発途上国に対し、永続的な無税・無枠の市場アクセスを適時実施する。	17.12.1　開発途上国、後発開発途上国及び小島嶼開発途上国が直面している関税の平均
体制面/Systemic issues 政策・制度的整合性/Policy and institutional coherence 17.13　政策協調や政策の首尾一貫性などを通じて、世界的なマクロ経済の安定を促進する。	17.13.1　マクロ経済ダッシュボード
17.14　持続可能な開発のための政策の一貫性を強化する。	17.14.1　持続可能な開発の政策の一貫性を強化するためのメカニズムがある国の数
17.15　貧困撲滅と持続可能な開発のための政策の確立・実施にあたっては、各国の政策空間及びリーダーシップを尊重する。	17.15.1　開発協力提供者ごとの、その国の持つ結果枠組み及び計画ツールの利用範囲
マルチステークホルダー・パートナーシップ/ Multi-stakeholder partnerships 17.16　全ての国々、特に開発途上国での持続可能な開発目標の達成を支援すべく、知識、専門的知見、技術及び資金源を動員、共有するマルチステークホルダー・パートナーシップによって補完しつつ、持続可能な開発のためのグローバル・パートナーシップを強化する。	17.16.1　持続可能な開発目標の達成を支援するマルチステークホルダー開発有効性モニタリング枠組みにおいて進捗を報告する国の数
17.17　さまざまなパートナーシップの経験や資源戦略を基にした、効果的な公的、官民、市民社会のパートナーシップを奨励・推進する。	17.17.1　(a)官民パートナーシップにコミットしたUSドルの総額(b)市民社会パートナーシップにコミットしたUSドルの総額
データ、モニタリング、説明責任/ Data, monitoring and accountability 17.18　2020年までに、後発開発途上国及び小島嶼開発途上国を含む開発途上国に対する能力構築支援を強化し、所得、性別、年齢、人種、民族、居住資格、障害、地理的位置及びその他各国事情に関連する特性別の質が高く、タイムリーかつ信頼性のある非集計型データの入手可能性を向上させる。	17.18.1　公的統計の基本原則に従い、ターゲットに関する場合に、各国レベルで完全に詳細集計されて作成されたSDG指標の割合
	17.18.2　公的統計の基本原則に準じた国家統計法のある国の数
	17.18.3　十分な資金提供とともに実施されている国家統計計画を持つ国の数（資金源別）
17.19　2030年までに、持続可能な開発の進捗状況を測るGDP以外の尺度を開発する既存の取組を更に前進させ、開発途上国における統計に関する能力構築を支援する。	17.19.1　開発途上国における統計能力の強化のために利用可能となった資源のドル額
	17.19.2　a)少なくとも過去10年に人口・住宅センサスを実施した国の割合　b)出生届が100%登録され、死亡届が80%登録された国の割合